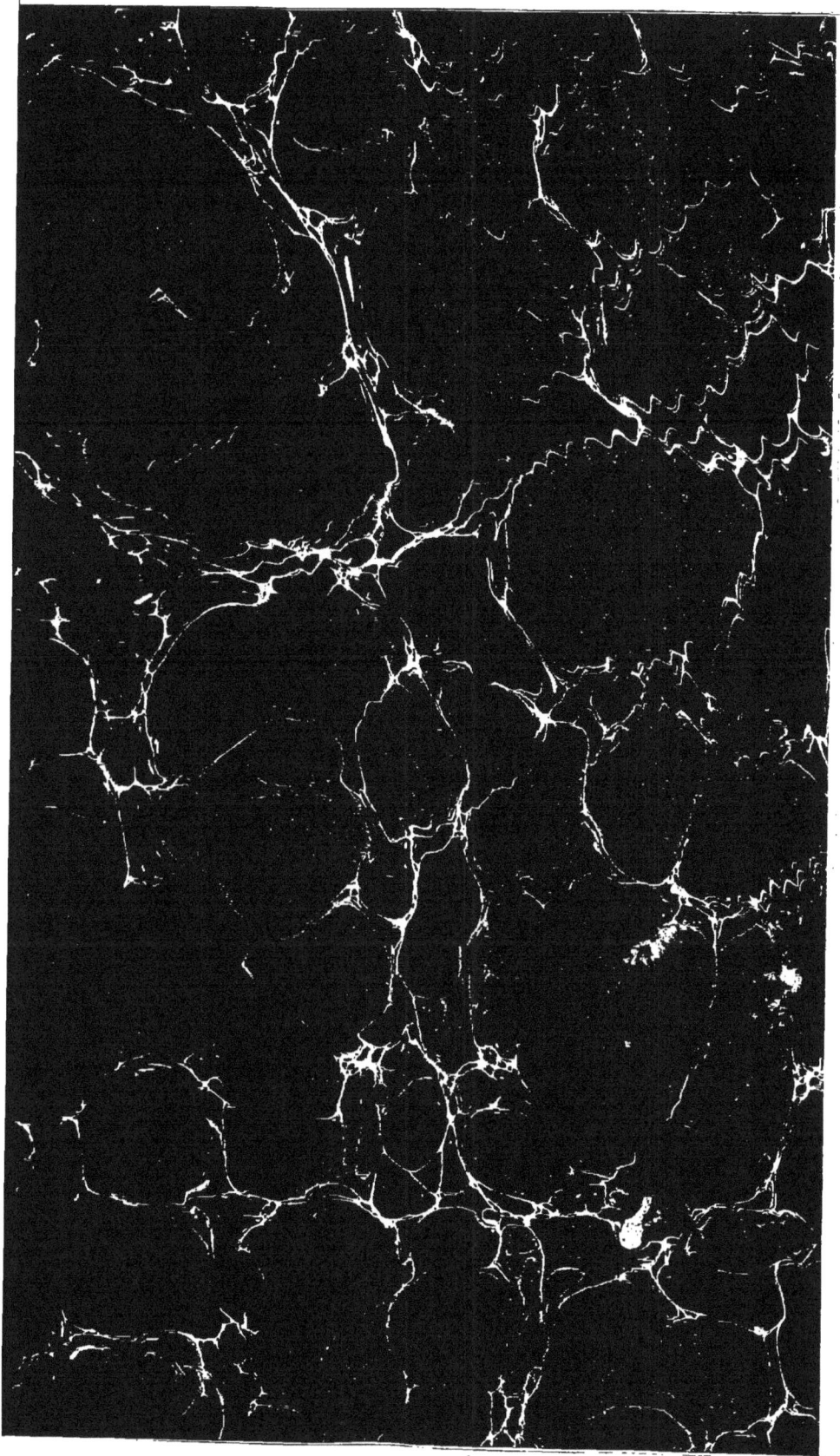

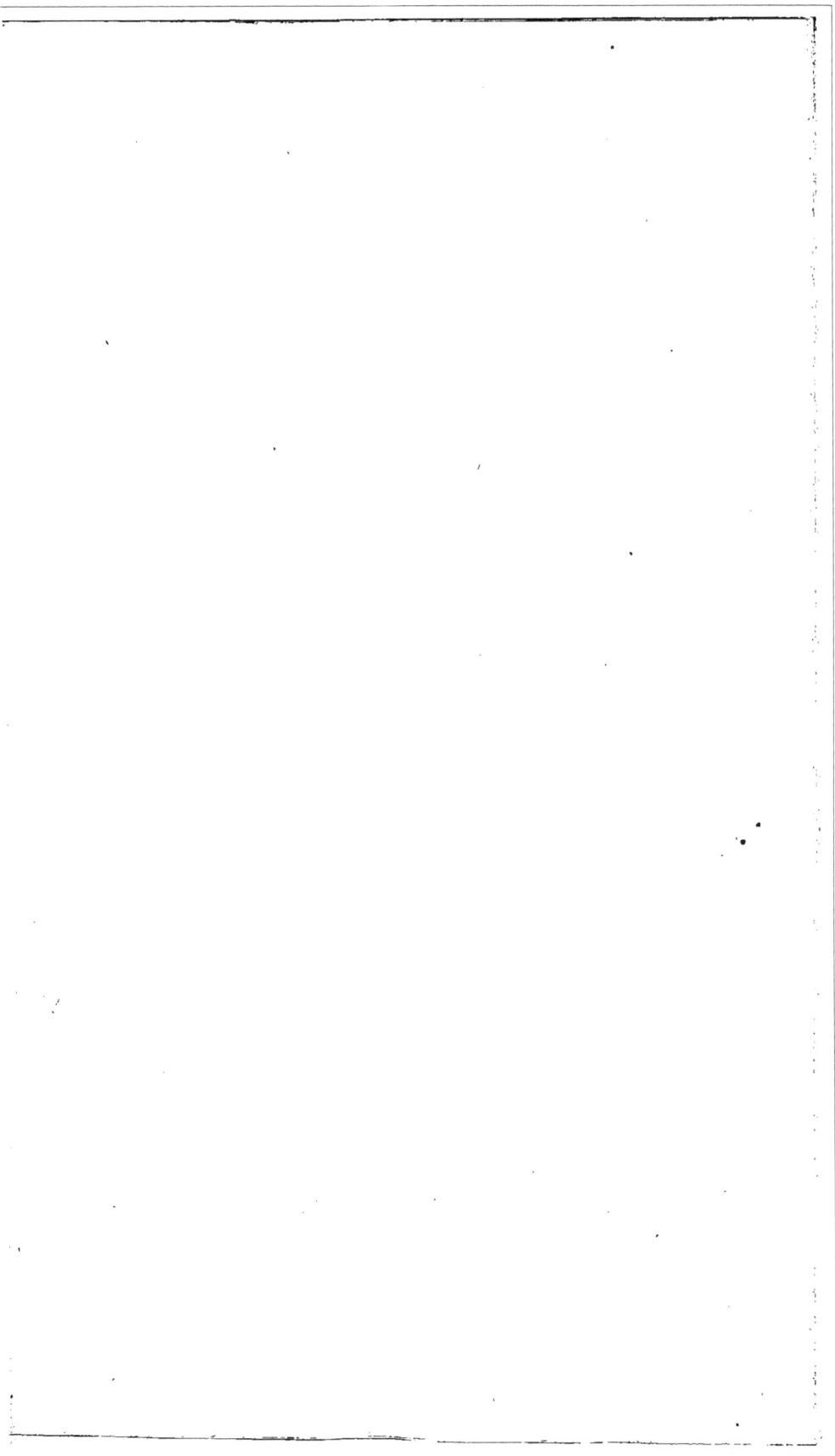

Lb 193

ÉVÉNEMENTS

MILITAIRES

DEVANT TOULOUSE,

EN 1814.

DE L'IMPRIMERIE DE PLASSAN, RUE DE VAUGIRARD, N° 15,
DERRIÈRE L'ODÉON.

ÉVÉNEMENTS

MILITAIRES

DEVANT TOULOUSE,

EN 1814.

PAR ÉDOUARD LAPENE,

CAPITAINE AU CORPS ROYAL DE L'ARTILLERIE, CHEVALIER DE LA LÉ-
GION-D'HONNEUR, ANCIEN ÉLÈVE DE L'ÉCOLE POLYTECHNIQUE,

Commandant en 1814 son arme
dans la division TAUPIN (armée d'Espagne et des Pyrénées).

Semper amica veritas.

A PARIS,

CHEZ RIDAN, LIBRAIRE, RUE DE L'UNIVERSITÉ, N° 5.

1822.

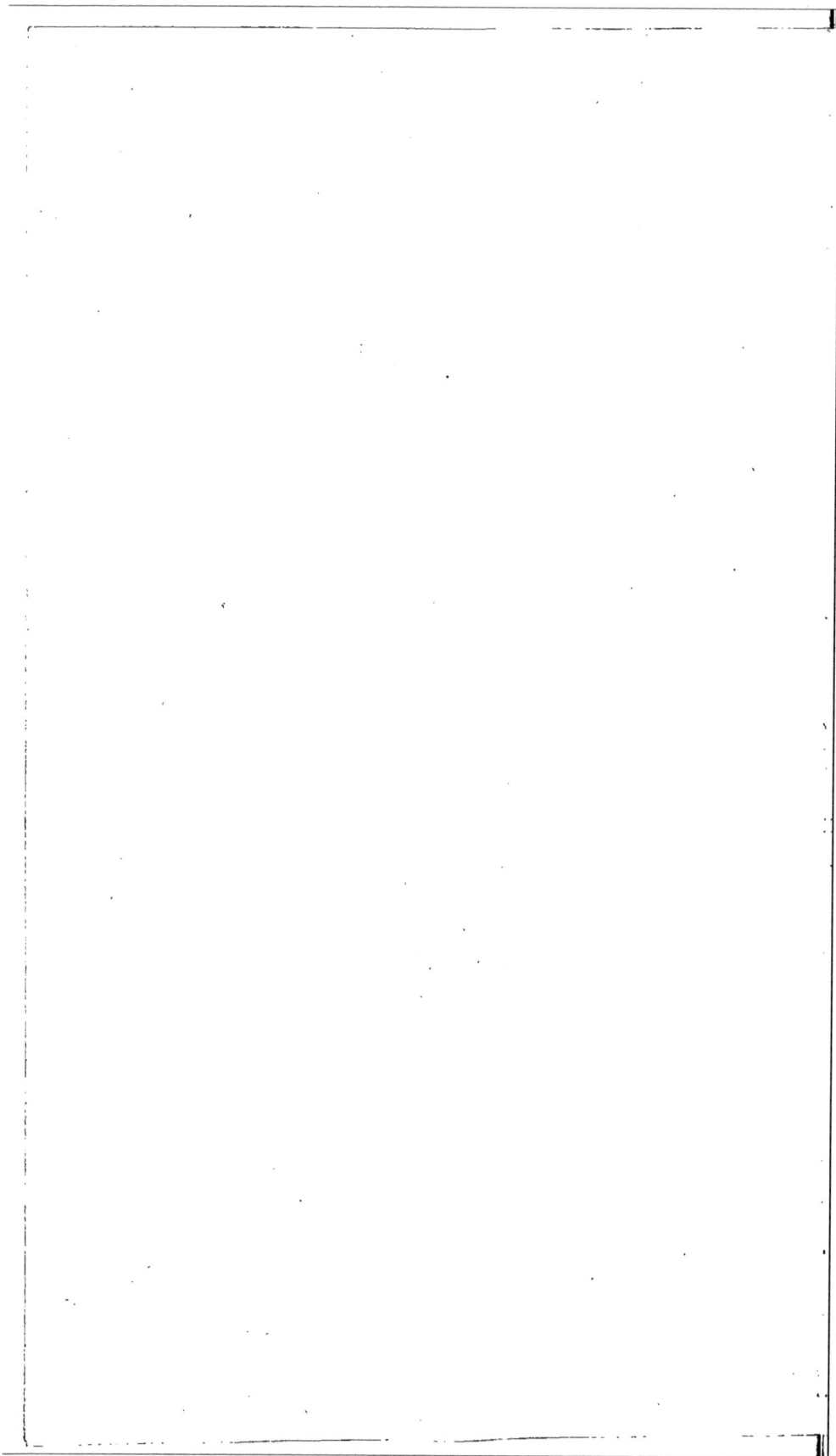

A SES FRÈRES D'ARMES

DE

L'ARMÉE D'ESPAGNE ET DES PYRÉNÉES EN 1814.

*Braves camarades! nobles débris de ces immor-
tels corps d'armées qui ont rendu le nom français si
respectable sur les plages de Cadix, sur les bords
du Tage, du Guadalquivir, de la Guadiana, et plus
tard sur les rives de l'Adour, des Gaves et de la Garonne; c'est sous votre égide que je place le récit de
l'action mémorable qui, devant Toulouse, a terminé
la campagne de 1814, et la lutte soutenue avec tant
d'éclat contre toutes les puissances de l'Europe. Militaires de tout grade de l'armée d'Espagne et des
Pyrénées, qui êtes encore appelés aujourd'hui à l'honneur de servir votre patrie; vous qui, plus nombreux,
rendus à vos foyers, êtes redevenus citoyens, puissiez-
vous jeter un regard d'intérêt sur un essai qui n'est
que le fidèle récit de vos derniers et glorieux travaux!
Si toutefois le langage d'un homme qui s'honorera
constamment de les avoir partagés, vous paraît au-*

dessous de l'importance des événements dont il veut présenter ici le tableau, que du moins l'intention de payer à l'armée française un juste tribut d'éloges, devienne son excuse à vos yeux; et que votre indulgence ne lui soit pas refusée, en faveur du désir qui l'anime d'être utile et vrai.

ÉVÉNEMENTS

MILITAIRES

DEVANT TOULOUSE,

EN 1814.

L'attitude de l'armée française durant la campagne de 1814, a été une des plus imposantes et peut-être la plus extraordinaire qui soit présentée par l'histoire militaire des peuples : conduite à la victoire depuis vingt-deux ans, rendue surtout cosmopolite dans les dix années du régime impérial, cette armée se rappelait à peine qu'elle laissait une patrie en arrière d'elle. La France, privée depuis si long-temps de l'aspect de ses braves, ne connaissait, de même, l'armée que par l'éclat de ses victoires, et les levées d'hommes appelés pour réparer des pertes, ou voler à de nouveaux succès le plus souvent trop chèrement obtenus. Il n'avait fallu, du reste, rien moins que ce prestige de gloire, que cette idée magique habilement exaltée d'appartenir à une grande nation, pour faire plier en silence, sous le joug de fer imposé par le despotisme d'alors, un peuple encore jaloux d'une liberté illu-

soire sans doute, mais cherchée au milieu de vives commotions, et payée par d'horribles sacrifices.

Abandonnés à la fin par la victoire et la fortune
qu'un chef trop ambitieux avait lassées, forcés de
perdre en quelques mois des conquêtes obtenues
durant vingt ans de travaux, trahis par des alliés
imprudemment agrandis et armés de nos propres
mains, les restes de ces belles et grandes armées
n'avaient trouvé de refuge que dans le sein de la
France elle-même; mais en traînant à leur suite
une multitude innombrable d'ennemis, et les maux
inséparables de la guerre depuis long-temps rejetée
au dehors. Du premier moment de nos revers, l'é-
tonnement, l'admiration même produits par de vastes entreprises toujours couronnées du succès, qui
jusqu'alors avaient tenu lieu d'esprit public, n'ayant
plus pour aliment la gloire et les conquêtes, perdi-
rent tout à coup de leur chaleur première; ces sentiments disparurent en entier quand l'armée, après
ses désastres, fut forcée de se replier dans les an-
ciennes limites de sa nation : dès lors, l'inquiétude, le découragement, la stupeur dominèrent
seuls, dans l'intérieur de la France; et une inertie
profonde et presque générale fut opposée à un gouvernement qui, dépouillé de son prestige accoutumé, ne présenta plus que le despotisme dans toute
sa nudité. C'est dans un pareil état de marasme politique que les glorieux débris de nos armées trou-
vèrent la France, quand ils durent expulser de son

sein 400,000 étrangers qui venaient de l'envahir.

Ainsi 30,000 hommes dans le Midi, 100,000 environ au nord, à l'est, et autour de la capitale, sans espoir de réparer leurs pertes, en face d'une population muette qui, loin de seconder leurs efforts, les regarde avec injustice comme l'instrument d'un souverain qui n'est plus avoué par elle, et contrarie même sur quelques points leurs opérations; des forces si réduites, disons-nous, ont lutté trois mois, avec des avantages balancés, contre les armées réunies de l'Europe coalisée, et cédant à la fin plus à l'empire des circonstances qu'aux efforts de l'ennemi, ont conquis les éloges de leurs propres adversaires, et des droits à l'admiration de la postérité.

Tels sont les événements militaires dont nous allons essayer de présenter le tableau, en nous bornant à ceux qu'ont amenés les dernières opérations de 1814, dirigées par le maréchal Soult au pied des Pyrénées.

Une ville qui rappelle de grands et d'antiques souvenirs, la métropole du midi de la France, illustrée par des savants du premier ordre, et par la faveur qu'elle a constamment accordée à la culture des beaux-arts, Toulouse va donc servir de théâtre à l'un de nos derniers et de nos plus sanglants débats; elle verra livrer sous ses vieilles murailles, auprès desquelles, depuis quatre siècles, aucun cri de guerre n'avait été entendu, une action qui fait doublement gémir l'humanité : la perte de 10,000

hommes en fut le triste résultat; et leur sang cou-
la au moment où toute l'Europe venait de poser les
armes, et allait jouir des bienfaits d'une paix si ar-
demment désirée de ses peuples, et si chèrement ob-
tenue. Forcé par le devoir que nous nous sommes
imposé de présenter la triste image des combats,
tandis que notre plume ne devrait s'arrêter que sur
les heureuses conséquences d'une paix honorable,
nous puiserons une nouvelle ardeur dans le besoin
et l'occasion de payer un juste tribut d'hommages
à la conduite de l'armée française, qui, jusqu'à ce
dernier moment, brilla de tout son éclat, et s'ac-
quit, dans la mémorable journée qui va être décri-
te, de nouveaux titres à la reconnaissance de sa
patrie.

La bataille du 21 juin 1813, à Vittoria, dont
l'histoire rejettera les déplorables suites sur le défaut de dispositions prises par les chefs, et non sur
la conduite de la troupe, exempte de reproches
dans cette journée, avait ramené sur les Pyrénées,
après cinq ans d'occupation de la Péninsule, les
restes des armées françaises dites du Portugal, du
Midi et du Centre en Espagne. Napoléon, alors à
Dresde, voulut porter son choix, pour préserver le
sud-ouest de la France d'une invasion imminente,
sur un général accoutumé à conduire les troupes à
la victoire, et déjà entré en lice avec succès contre
les Anglais. Le maréchal Soult, duc de Dalmatie,
fut en conséquence désigné au commandement des

armées d'Espagne, et joignit à ce nouvel emploi un pouvoir illimité. Arrivé à Bayonne, le 12 juillet, ce maréchal avait procédé sans délai à la réorganisation de son armée, et déployé dans ce travail son activité ordinaire : neuf divisions d'infanterie et une réserve, en tout 60,000 baïonnettes, une division de dragons, une division de cavalerie légère, 90 bouches à feu attelées et approvisionnées, étaient, dans les derniers jours de juillet, prêtes à rentrer en campagne. La grande armée anglo-espagnole-portugaise, qui nous était opposée, se formait d'une infinité d'éléments différents, et comptait, à cette même époque, 120,000 hommes d'infanterie, tant en ligne que sur les derrières entre l'Èbre et les Pyrénées, et 8,000 chevaux ; cette énorme masse était tout entière sous les ordres de sir Arthur Wellesley, plus connu sous le nom de lord Wellington.

Ce général, dont certains ont vanté outre mesure les opérations militaires, que d'autres ont voulu regarder injustement comme sans mérite, avait dans le maréchal Soult un des adversaires les plus dignes de lui être opposés : le premier réunissait des connaissances profondes en art militaire et en administration ; le second avait le rare savoir que donnent trente ans d'expérience de bonne et de mauvaise fortune.

La réflexion, la prudence, toujours mêlées de lenteur, formaient les éléments du caractère du gé-

néral anglais; une activité infatigable et une fermeté que les revers, loin d'abattre, rendaient plus é-
nergique, composaient le caractère inflexible de
son rival.

L'un, par son adresse à profiter des fautes et de
la mésintelligence des chefs de l'armée ennemie,
surtout par la grande quantité de forces qu'il opposait à ses adversaires, marchait lentement, mais
avec confiance, presque certain de la victoire: l'autre, convaincu qu'une poignée de braves peut toujours tenir tête à l'ennemi, même sans espérance
de succès, s'était créé l'art de rétablir le moral de
sa troupe au milieu des revers; il eut surtout l'habileté d'opposer aux alliés obstacles sur obstacles,
de les tenir constamment en échec, et de ne leur
céder le terrain que pas à pas.

Lord Wellington, grâces au système de prudence
et de longanimité dont il ne s'était jamais écarté,
avec l'avantage d'avoir été pris rarement en défaut,
ignorait celui de profiter de ses succès; la disci-
pline maintenue par lui dans sa troupe à cette
époque, et la sagesse de ses mesures, avaient plié
à une aveugle soumission, à une obéissance passi-
ve, cette immense armée alliée composée d'une
foule d'éléments hétérogènes, et fondu dans ses
rangs toutes les volontés en une seule. Le général
français, administrateur éclairé quand il agissait
par lui-même, et sévère observateur de l'ordre,
peut rejeter sur quelques agents subalternes, et

aussi sur la pénurie des moyens à sa disposition,
les reproches d'indiscipline qui dans les derniers
temps furent adressés à son armée, et ne craint pas
de livrer sa conduite administrative à l'inflexible
sévérité de l'histoire.

Un exposé rapide et succinct des mouvements de
l'armée française, agissant en 1813 et 1814 en a-
vant de Bayonne, et plus tard sur la Nive, l'Adour
et les Gaves, et connue sous le nom d'armée d'Espagne et des Pyrénées, est ici nécessaire pour l'intelligence de ce qui va suivre : cet exposé présen-
tera la série des actions livrées par l'armée, depuis
sa réorganisation jusqu'au moment où, réduite à
un petit nombre de braves, elle vint terminer la
campagne et la guerre par la mémorable bataille
de Toulouse.

La présence des Espagnols devant Pampelune,
et le siége de Saint-Sébastien, dirigé par le général anglais Graham, à la tête de l'aile gauche de
l'armée alliée, motivèrent la reprise des opérations
actives, peu après la réorganisation de l'armée française. Toutefois les mouvements entrepris pour dé-
gager ces places, puisés moins dans les idées du
maréchal Soult que dans la volonté du chef du gouvernement qui n'entendait, disait-il, recevoir des
nouvelles que d'Espagne, ne purent obtenir tous
les résultats voulus. Le défaut d'ensemble dans la
marche des corps d'armée séparés par des chaînes
de montagnes, et forcés ainsi d'agir isolément; un

funesté retard, occasioné par un grand orage qui
entrave durant vingt-quatre heures la marche des
troupes, et force de renvoyer du 27 juillet au lendemain l'attaque des positions des ennemis alors
en retraite sur toute sa ligne, font échouer, au village de Sorauren, les manœuvres habiles qui ont
conduit à deux lieues de Pampelune l'armée française, victorieuse les jours précédents. La force des
postes occupés par les alliés, et leur supériorité numérique, leur procurent, le 31 août, en avant d'I-
run, les mêmes avantages dans les tentatives faites pour retarder, par une puissante diversion, la
prise de Saint-Sébastien : cette place, après une
défense héroïque de deux mois, réduite en un mon-
ceau de cendres, sans munitions, sans vivres, est
enlevée à l'assaut par l'ennemi dans la même journée.

Ces premiers succès, acquis aux alliés après des efforts multipliés et d'énormes sacrifices, les enhardis-
sent néanmoins à prendre eux-mêmes l'offensive : le
8 octobre avant le jour, ils trompent, avec une réussite jusqu'à présent non expliquée, la surveillance des
troupes de garde à Hendaye, sur la Bidassoa inférieure, qui sépare les deux armées. L'alarme répan-
due sur cette droite de notre ligne par ce brusque
passage, et le nombre, facilitent à l'ennemi la prise
de la forte position dite La Croix-des-Bouquets, à
un quart de lieue en arrière, et l'occupation de la
redoute presque inexpugnable de la Bayonnette.

L'armée supplée à la perte de ces points importants dans la défense des Pyrénées, par d'immenses travaux exécutés sur toute la ligne; et les camps d'Espelette à Saint-Jean-de-Luz se transforment en de vastes ateliers, où règnent l'activité et le dévouement. Toutefois le 10 novembre, malgré la garantie donnée par les moyens que les Français viennent de se créer, le général ennemi, après des attaques simulées sur quelques points de la ligne, porte la majeure partie de ses forces contre celui de Sarre; il force le passage des montagnes proche de ce village, et repousse une division française chargée seule de la défense de cet important débouché. La conduite de cette division, qui perd son général (le général Conroux), la contenance des Français en avant de Saint-Jean-de-Luz et de Suzaide, et les succès du général Foy dans l'attaque dirigée par lui sur les derrières de l'ennemi, ne peuvent néanmoins préserver l'arrondissement de Bayonne de l'invasion étrangère.

Le théâtre des opérations se resserre dès ce moment; il est transporté entre la mer et la Nive, presque sous le canon de Bayonne. Cette place, à peine à l'abri d'un coup de main lors de la rentrée en campagne, et qui ne renfermait pas dans son arsenal au-delà de 10 pièces montées sur affût, est rendue inexpugnable; et ses dehors transformés en un vaste camp retranché à l'abri de toute insulte, et armés d'une artillerie formidable, assurent les manœuvres de l'armée française sur les deux rives de la Nive. L'ennemi, après un mois d'attente, franchit cette rivière le 9 décembre, mais ne peut dans cette journée gagner du terrain sur la rive droite. Le 10, à la suite de manœuvres habiles du général français par la rive gauche, les alliés sont eux-mêmes attaqués avec la plus grande vigueur au centre de leur ligne, à Arcangues : le succès serait complet, si une pluie affreuse tombée tout le jour, en ralentissant notre marche, ne donnait le temps à l'ennemi de repasser la Nive, et de concentrer ses forces sur cette même rive gauche. Des avantages importants, obtenus les 11 et 12 décembre par les Français, précèdent et amènent la bataille du 13 décembre, livrée au village de Saint-Pierre-d'U-zube, à une demi-lieue de Bayonne sur la rive droite de la Nive, et que tout fait présumer devoir être décisive. L'armée française déploie, en effet, une grande intrépidité dans son attaque, et la victoire semble un instant lui appartenir : quelques manques de précaution avant l'affaire, des fautes d'ensemble pendant sa durée, et la supériorité numérique de l'ennemi, rendent néanmoins, une partie de la journée, les résultats indécis. A l'entrée de la nuit, les alliés parviennent à se prolonger jusqu'à l'Adour, au-dessus de Bayonne, et donnent le fleuve pour appui à la droite de leur armée, qui reste aussi en possession des deux rives de la Nive.

Les sanglantes affaires livrées du 9 au 13 décem-

bre, terminent la campagne de 1813 sur les Pyrénées : le peu de succès des actions qui la compo-
sent, ne peuvent donner lieu toutefois à aucune
supposition hasardée sur la conduite de l'armée
française durant cette campagne. L'absence d'heureux résultats sera expliquée, par l'impossibilité de
garder avec des forces réduites une ligne de neuf
lieues d'étendue, de Saint-Jean-Pied-de-Port à la
mer, et parsemée d'issues et de débouchés; la nécessité de n'opposer à l'ennemi que des troupes iso-
lées et une résistance partielle, tandis que, maître
de choisir son point d'attaque, il a pu nous acca-
bler par le nombre, donne aussi la cause de ce non
succès. Six mois d'efforts et de sacrifices employés
par les alliés, malgré les puissants moyens à leur
disposition, avant de pénétrer en France, rendent
d'ailleurs suffisamment hommage à la conduite de
nos troupes dans la campagne qui vient d'être succinctement exposée.

   Les désastres de Léipsick, en ramenant les débris
de l'armée du Nord dans les limites de la France,
rendent désormais l'invasion de celle-ci inévitable
et prochaine. Les conscriptions déjà épuisées n'offrent au chef de l'état qu'un moyen insuffisant d'en
prévenir les déplorables résultats. Des ordres émanés de lui prescrivent la levée de gardes nationales
mobilisées. L'organisation de gardes nationales sé-
dentaires, connues sous le nom de gardes urbaines, et peuplées de Français déjà libérés du service

antérieur, est également décrétée : celles-ci doivent maintenir la tranquillité intérieure ; et impuissantes pour conjurer l'orage qui va fondre sur la France, prévenir du moins les dissensions intestines. Des commissaires extraordinaires, sénateurs ou conseillers-d'état, envoyés dans chaque cheflieu de division territoriale, sont chargés d'accélérer les levées et la réunion des gardes nationales, de pourvoir à l'armement et à l'équipement des troupes organisées, de faire approvisionner les places, d'ordonner enfin, suivant la gravité des circonstances, les levées en masse. Le sénateur Cornudet, et le conseiller-d'état Caffarelli, désignés pour remplir ces nouvelles fonctions dans le Midi, étaient rendus, le 1er janvier 1814, celui-ci à Toulouse, et l'autre à Bordeaux, siéges de leurs arrondissements respectifs. Ils se hâtent de répandre des proclamations, où les noms, autrefois magiques, alors sans valeur, d'indépendance et de patrie sont prodigués : toute l'activité de ces fonctionnaires se brise contre l'inertie générale de la nation à cette époque ; et les appels faits au nom du gouvernement, qui n'est plus avoué par elle, restent sans résultats ; l'organisation seule des gardes urbaines, jugée par les citoyens autant dans leur intérêt propre que dans celui de l'état, est rapidement terminée. Tels sont les auspices sous lesquels s'ouvre la campagne de 1814, rendue cependant si mémorable.

La présence des alliés sur l'Adour, devenu l'appui de leur droite depuis la bataille du 13 décembre, force le maréchal Soult à changer sa ligne d'opérations et son plan de défense. Trois divisions françaises gardent les camps retranchés de Bayonne; deux observent le cours de l'Adour depuis cette place jusqu'à Port-de-Lanne; trois autres, enfin, campées en avant de la Bidouse, rattachent par des postes de cavalerie l'aile gauche de l'armée à la ville forte de Saint-Jean-Pied-de-Port, et resserrent ainsi les coalisés entre cette aile gauche, l'Adour, les Pyrénées et la mer. La situation de l'ennemi, qui occupe quelques cantons peu étendus, pauvres en eux-mêmes, et depuis six mois le théâtre de la guerre, est rendue encore plus critique par le défaut presque absolu de vivres et de fourrages. Des bâtiments chargés de denrées, de liquides, d'objets d'habillement, venaient échouer, battus par d'horribles tempêtes, à la vue des côtes de Gascogne : la plage de Bayonne à Royan était couverte de leurs débris. Le général Harispe, arrivé depuis peu de l'armée d'Arragon, et chéri des Basques, ses compatriotes, parvient à réunir un certain nombre d'entre eux. A leur tète, et renforcé de quelques bataillons de gardes nationales, il harcèle, durant tout le mois de janvier, les fourrageurs ennemis; attaque et culbute dans toutes les rencontres le chef de partisans Mina, et donne, malgré la médiocrité de ses forces, des inquiétudes aux coalisés pour les communications de leur armée avec la base de leur ligne sur les Pyrénées. Ces diverses circonstances, le malaise de cette armée pendant l'hiver froid et rigoureux de 1814, le nombre de désertions, la démoralisation qui la menace, ne laissent à lord Wellington, son général en chef, que deux moyens de prévenir sa ruine : repasser les Pyrénées, ou attaquer l'armée française.

L'occasion rend ce dernier parti le plus favorable à l'ennemi : nos rangs, déjà si éclaircis dans la campagne meurtrière et malheureuse de 1813, avaient, il est vrai, été renforcés de 30,000 hommes de la levée des 300,000, et de la conscription anticipée de 1815; mais l'armée d'Espagne, obligée de fournir des cadres à tous les corps de formation nouvelle, et d'alimenter la garde impériale, avait perdu presque tous ses vieux soldats, et compte à peine, au 1er janvier 1814, 45,000 baïonnettes. Le général en chef reçoit, nonobstant cela, l'ordre de diriger encore sur Paris deux divisions d'infanterie, fortes ensemble de 15,000 hommes. Une division de dragons, la gendarmerie à pied, toutes les batteries d'artillerie à cheval, avaient déjà eu la même destination. L'on ne peut enfin évaluer à moins de 45,000 fantassins, 7,000 hommes de cavalerie, 800 artilleurs avec leur canon, les forces dont l'armée d'Espagne et des Pyrénées avait été appauvrie en faveur de l'armée du Nord, depuis le début de la campagne, six mois auparavant. Le départ des troupes qui nous étaient récemment enlevées, et qui justi-

fièrent entièrement peu de temps après à Monte-
reau les espérances fondées sur le concours de leurs
efforts, affecte le moral des soldats et de l'habitant :
il n'échappe à personne que, si 9 divisions françaises n'ont pu se maintenir sur les Pyrénées et derrière la Nive, notre armée, réduite au moins de
20,000 vieux soldats de différentes armes, n'a plus
de succès à espérer.

Le démembrement de nos forces sert de signal à
l'ennemi pour donner de l'activité à ses opérations,
et menacer d'invasion les *Basses-Pyrénées*. L'extrême gauche des Français, commandée par le général Harispe, est attaquée, le 14 février, à Hellette.
Malgré des prodiges de valeur, ce général est forcé
de se replier sur Garris et Saint-Palais; un deuxième engagement, encore plus meurtrier, entre le
corps entier du lieutenant-général Hill, secondé de
la division espagnole de Morillo, et les troupes des
généraux Harispe et Paris réunies, donne pour résultat la retraite de l'aile gauche des Français sur
le Soison ou Gave de Mauléon. Un mouvement
analogue, exécuté à droite sur la Joyeuse par le
lieutenant-général Clauzel, le ramène derrière
la Bidouse. Le 17, une nouvelle agression, et
le passage du Soison par l'ennemi au gué d'Ar-
riverette, rendent encore urgente la retraite des
Français sur le Gave d'Oleron : nul doute dès lors
que les coalisés cherchent à franchir cette rivière
et le Gave de Pau, n'aspirent à s'emparer d'Orthez

et de la route de Saint-Sever qui leur ouvre le cœur de la France; le point d'Orthez est donc signalé à l'armée française pour centre de réunion.

Le 24 février, après quatre jours de tâtonnements, de fausses attaques dirigées par l'ennemi sur les têtes des ponts de Peyréhorade et de Sauveterre, fixent notre attention : le véritable passage du Gave d'Oleron s'exécute néanmoins à Villenave, au dessous de Navarreins, et l'ennemi se déploie sur la rive droite. L'armée française, procédant sans délai à son mouvement de concentration, se replie sur le Gave de Pau, le passe dans la nuit du 24 au 25, et prend, au jour, position à Orthez. Des postes de cavalerie sont spécialement chargés d'observer le cours du Gave, et de signaler les mouvements des alliés qui occupent la rive gauche, et sont déjà placés sur les hauteurs, dites de Départ, en face d'Orthez. Les chefs de ces postes négligent, les 25 et 26, de signaler les démonstrations de l'ennemi sur le Gave. Le 26 au soir, le maréchal Soult apprend, avec autant de contrariété que de surprise, le passage du Gave par une portion de l'armée coalisée et par toute la cavalerie britannique, ainsi que leur présence sur le plateau en avant de Baigts. Le corps entier du maréchal Béresford était parvenu aussi à traverser la rivière au-dessus de Peyréhorade, à Cauneille, et à la Hontan. Soult, dans ce moment critique, doit se décider sans délai à présenter la bataille ou à battre en retraite; et il ne reste en se repliant, à l'armée française, d'autre ligne connue que la Garonne. Son général en chef, qui ne réalise pas au-delà de 30,000 baïonnettes, s'arrête au premier projet; il veut même, s'il est encore temps, arrêter, au passage du Gave, la portion d'ennemis qui n'a pu encore franchir la rivière, et marcher, dans tous les cas, à l'attaque des coalisés déjà réunis sur le plateau en avant de Baigts.

Le 26, à la chute du jour, l'aile droite de l'armée française, commandée par le lieutenant-général Reille, se porte au village de Saint-Boës, à trois-quarts de lieue d'Orthez, sur la route de Dax. Le centre est placé par le lieutenant-général Drouet-d'Erlon, sur les hauteurs adjacentes au grand chemin de Bayonne, et s'appuie au Gave. Partie de l'aile gauche, aux ordres du lieutenant-général Clauzel, reste en réserve au château d'Orthez; partie observe les gués au-dessus de cette ville. Le 27, au point du jour, Reille fait un léger mouvement vers l'ennemi, mais se replie sur Saint-Boës, en apprenant que les alliés avancent en forces dans cette direction : l'aile droite déployée alors en arrière et à gauche du village, occupe néanmoins Saint-Boës par une forte avant-garde. L'action devient bientôt générale. Le maréchal Béresford dirige trois attaques vigoureuses en avant de Saint-Boës : trois fois la division Taupin, qui lui est opposée, culbute l'ennemi par des charges à la baïonnette, et les feux de son artillerie tirant à mitraille. La division

2

Foy, au centre proche du grand chemin de Bayonne, défend aussi ses positions avec la plus grande intrépidité. Lord Wellington qui, dans ce moment, désespère du succès malgré les forces doubles qu'il nous oppose, veut tenter un dernier effort; il dirige une forte colonne, jusqu'alors non engagée, sur le point qui réunit l'aile droite et le centre des Français, dans le dessein de les séparer et de leur couper isolément la retraite. Les premières troupes chargées de l'exécution de cette manœuvre sont culbutées et détruites. Leur supériorité de nombre, une blessure grave reçue par le général Foy, qui peut dans la suite influer sur la conduite de sa division, décident cependant le général Drouet-d'Erlon à se replier parallèlement au Gave, et en arrière d'Orthez. Un semblable mouvement est exécuté à la gauche par les troupes du général Harispe, trop faibles pour contenir le corps du lieutenant-général Hill, qui vient de passer le Gave au-dessus de la ville. Ce passage non prévu, et la présence des coalisés sur la route de Dax en queue de notre aile droite, forcent à la fin cette aile de se replier aussi. La retraite des Français, que précipitent les démonstrations faites sur nos derrières par la colonne ennemie qui a passé le Gave, s'opère d'ailleurs dans un chemin étroit et raboteux, et n'est pas exempte d'un certain désordre. L'armée reprend toutefois son attitude à deux lieues du champ de bataille, au bourg de Sant-de-Navailles, derrière le Luy-de-

Béarn, et arrête l'ennemi. Les Français continuent, quelques heures après, et sans précipitation, leur mouvement de retraite sur Agetmau et Saint-Sever.

La louable résolution de disputer aux alliés le terrain pied à pied, avait décidé le maréchal Soult, malgré l'inégalité de forces, de livrer la bataille du 27, où les pertes de l'ennemi étaient du reste double des nôtres : un motif aussi puissant préside aux opérations qui ramènent dans le plus grand ordre l'armée française sous les murs de Toulouse, et deviennent, sous le nom de retraite d'Orthez, de nouveaux titres militaires pour l'illustre capitaine qui les dirige. Déjà le 1er mars, arrivé à Saint-Sever, il fait croire à l'ennemi que l'armée française va suivre, en face d'elle, la route de Mont-de-Marsan et les Landes, pays entièrement dénué de positions militaires et de moyens de défense. Le but du maréchal, au contraire, est de s'emparer de la route d'Auch et de Toulouse, pour maintenir le théâtre de la guerre dans le midi de la France, au lieu de le porter dans l'intérieur. Toutefois la route de Toulouse, moins sûre encore dans ce moment, peut le conduire à la rencontre du lieutenant-général Hill qui manœuvre sur notre droite. Dans cette situation, qui de tous côtés présente des risques, le maréchal prenant une résolution prompte et énergique, abandonne brusquement la route des Landes, se jette dans la direction de Toulouse, et atteint, par la rapidité de sa marche, les positions d'Aire et de

Barcelonne, avant que l'ennemi puisse lui-même les occuper.

L'aile gauche passe l'Adour, et se place sur les hauteurs d'Aire; le centre et l'aile droite restent en avant de Barcelonne. Le 2, l'action s'engage à Aire, entre nos troupes et le corps du lieutenant-général Hill, qui a marché vivement sur nos traces par la rive gauche de l'Adour. Le but du général français, en arrêtant l'ennemi, est de pouvoir manœuvrer à volonté sur les deux rives du fleuve, et ne pas s'éloigner des Pyrénées; il veut aussi rester libre d'observer ensemble les routes de Toulouse par Auch, et par Tarbes et Saint-Gaudens, et se jeter sans obstacle dans l'une de ces deux directions si l'ennemi s'empare de l'autre. Une circonstance favorable et inespérée seconde, le 2 mars au soir, l'entière exécution de ce plan : la pluie tombe par torrens dans cette journée, et donne la facilité, après avoir passé l'Adour au pont de Barcelonne, de laisser cette rivière et un grand nombre de ruisseaux subitement grossis et débordés, entre nous et les alliés. Les suites du combat d'Aire justifient pleinement les projets du général en chef. L'armée française, arrivée le 4 mars derrière l'Adour supérieur, et cantonnée de Tarbes à Plaisance, y jouit durant huit jours d'une tranquillité absolue.

L'ennemi dirige, dans cet intervalle, un détachement de 15,000 hommes sur Bordeaux; le blocus de Bayonne retient d'ailleurs une partie de ses

forces : le maréchal Soult apprend, à son quartier-
général de Rabastens, cette division de l'armée coalisée; il médite sur-le-champ de marcher à sa rencontre, et de forcer lord Wellington d'accepter une
bataille hasardeuse, s'il ne veut dégarnir le blocus
de Bayonne, ou de rappeler le fort détachement en
marche sur Bordeaux, et de retarder par suite l'occupation de cette importante cité. L'armée française s'ébranle, en conséquence, le 13 mars, et
se porte sur Lambège et Conchez. L'ennemi, qui
a quitté Conchez le matin, prend position en arrière du Gros-Leës et de Gazlin, sur le grand chemin d'Aire à Pau. Rendu inquiet par notre sécurité
derrière l'Adour, lord Wellington avait déjà arrêté la
marche du corps de Béresford sur Bordeaux, et ordonné le rappel de cette troupe; un détachement
de 4,000 hommes avait seul continué sa route vers
cette place, sous les ordres du général anglais Dal-
housie, et y était entré le 12 mars sans obstacle.
L'armée coalisée n'a pu toutefois être encore réunie le 14 à Gazlin, et cette dissémination serait favorable à l'attaque. Mais les dispositions offensives
des Français ne sont terminées que le 15 au soir, et
les alliés ne présentent pas, dans ce moment, moins
de 60,000 baïonnettes sur le plateau de Gazlin.
Soult ne juge plus convenable de s'exposer alors,
avec des forces inférieures de moitié, aux chances
d'une action générale, et ordonne la retraite sur
Lambège.

L'ennemi est contenu les 16 et 17 dans cette direction ; une portion de la cavalerie britannique é-
prouve même deux échecs successifs à Vieills et à
Clarac. Les alliés se prolongent cependant sur Mau-
bourguet par notre droite; et maîtres de la route de
Toulouse par Auch, veulent manœuvrer sur celle
de Tarbes, et nous couper la retraite : la réussite
de ce projet est assujettie à l'occupation de Vic-Bi-
gorre, qui n'est qu'à trois lieues de Tarbes. Le lieutenant – général Drouet – d'Erlon avait atteint ce
point dans la journée du 19, et pris position avec
le centre en avant de la ville, et dans les vignes qui
l'entourent, entre l'Écher et l'Adour. Nos troupes
sont fortement attaquées à midi par l'ennemi; mais
leur bonne contenance dans cette importante position, donne la facilité au reste de l'armée française, alors en bataille sur le plateau adjacent au
bois de Labatut, d'arriver à Tarbes le 19 au soir,
malgré une marche aussi périlleuse que pénible au
travers des landes découvertes et sablonneuses de
Pons et de Ger.

L'occupation de Tarbes nous rend maîtres des
trois routes qui, de cette ville, se dirigent sur Toulouse par Auch, par Trie, Boulogne et Lombez, et
par Saint-Gaudens : celle-ci qui, directe et en bon
état, assure d'ailleurs, en se rapprochant des Pyrénées, un point d'appui à notre droite, est choisie
par le maréchal pour continuer sa retraite. L'ennemi, entré à Tarbes immédiatement après le départ

des Français, est arrêté, dans toute la soirée du 20, sur les hauteurs de Barbazan et d'Oléat. Il se jette, le lendemain seulement, dans la route de Trie; montre l'intention d'atteindre, par une marche rapide, Toulouse avant l'armée française, et veut couper celle-ci dans les plaines de Muret. Le lieutenant-général Clauzel garde cette route avec les divisions Harispe et Villate. Le maréchal Soult arrive, le 21 au soir, à Saint-Gaudens, non sans inquiétude par la présence des coalisés sur son flanc droit; il ne paraît pas même éloigné de se jeter dans l'Arriége, et de changer entièrement sa ligne de bataille et son plan de campagne. Instruit cependant du mauvais état habituel du chemin de Boulogne et Lombez à Toulouse, qui vient en outre d'être rendu impraticable par la pluie tombée dans la journée du 21, Soult est promptement rassuré, et expédie l'ordre à la division Harispe de se replier sur Saint-Gaudens. Le général Villate, qui voit les alliés fortement attachés à sa poursuite dans la direction de Boulogne, reçoit aussi des ordres, à la suite desquels il abandonne brusquement et avec habileté la route qu'il a suivie jusqu'alors, et se rabat aussi par sa droite sur Saint-Gaudens, où il arrive le 22 au matin. Lord Wellington se laisse prendre à cette ruse de guerre : arrivé à Boulogne, il s'enquiert avec empressement du chemin pris par la colonne du général Villate; instruit qu'elle n'est plus dans la direction de Lombez, il se doute enfin du piége qu'on lui a tendu; mais déjà trop engagé., et ne désespérant peut-être pas encore d'atteindre Toulouse avant nous, il poursuit sa marche sur cette ville, et achève d'engouffrer son artillerie et son armée dans une route impraticable. L'armée française profite de cet incident, et se porte le 22 à Martres, le 23 à Noé; elle arrive enfin le 24 sous les murs de Toulouse, sans le plus léger obstacle.

Les manœuvres qui viennent d'être succinctement exposées forment la retraite d'Orthez, fait d'armes du premier ordre dans l'histoire militaire des armées d'Espagne : temporiser, arrêter la marche de l'ennemi en lui créant sans cesse des obstacles, rendre le développement de ses masses impossible, neutraliser sa nombreuse cavalerie; tels étaient les résultats voulus, et que le succès a couronnés. Dans cette mémorable retraite, une armée qui ne dépasse pas 25,000 combattants, emploie vingt-six jours pour faire un trajet de trente-six lieues, lutte sans cesse contre des forces triples, et tient en respect une cavalerie nombreuse et belle dans un pays percé de grandes routes et de chemins tous praticables. L'attitude courageuse d'une poignée de Français, toujours forcés de céder du terrain, essuyant constamment des revers, et privés de récompenses, a-t-elle toutefois entravé seule la marche des coalisés dans le Midi en 1814? La défiance et la lenteur de ceux-ci n'est-elle pas due aussi à la crainte, au respect inspirés encore à l'ennemi par une nation guerrière et formidable, naguère victorieuse sur tous les points de l'Europe? Incertains de l'effet produit, par cette invasion aussi extraordinaire que subite, sur le caractère indocile et entreprenant des Français, les étrangers craignaient sans doute d'isoler leurs forces, de brusquer leurs mouvements, de laisser leurs derrières à découvert.

Les vaines acclamations d'un petit nombre de partisans, les cris salariés de la populace de quelques villes en faveur des Anglais, à même d'en avoir plus d'une fois reconnu chez eux le peu de valeur, ne pouvaient les rassurer, à mesure qu'ils faisaient un pas dans l'intérieur de la France. L'inertie même de la nation à cette époque, uniquement puisée dans son aversion pour le régime d'alors, connue et appréciée par eux, ne leur offrait toutefois qu'une faible garantie. Cette sombre inertie, qui donnait aux paysans des Pyrénées une teinte profonde de réserve et de concentration, imprimait la terreur à l'ennemi, et détruisait, en un instant, la confiance factice que l'accueil anti-français de l'habitant des villes lui avait inspirée. Un détachement d'étrangers traverse-t-il un hameau? le paysan, debout et silencieux devant sa chaumière, loin d'être intimidé par le spectacle et l'attirail guerriers, les regarde avec un souris de pitié. Si l'étranger pénètre dans l'intérieur de l'habitation, il voit, avec une surprise mêlée d'effroi, une arme à feu briller au milieu d'instruments aratoires; et plus loin de jeunes garçons jouant avec ces mêmes armes que leurs bras débiles peuvent à peine supporter, et exécutant des simulacres d'évolutions militaires, lui montrent un génération naissante de braves destinés peut-être à faire refleurir, un jour, les lauriers cueillis par ses devanciers. Le seul mot de tocsin, que nul habitant n'était certes dans l'intention de prononcer en 1814, glaçait les coalisés d'épouvante. L'attitude même de quelques gardes urbaines, et la conduite ferme d'un petit nombre de magistrats qui, dans l'absence presque générale d'esprit public, se montraient encore citoyens, étaient pour eux l'objet de profondes réflexions : tout contribuait enfin à convaincre les étrangers, en traversant les campagnes du Midi, en 1814, qu'ils pouvaient parvenir, après des efforts multipliés, à renverser un gouvernement que la France n'avouait plus ; mais que prétendre asservir la nation, était une entreprise vaine, et menacer son indépendance un projet chimérique (1).

Arrivés au récit des opérations qui constituent proprement dit la bataille de Toulouse, nous devons ici quelques détails descriptifs sur cette vaste cité : sa position remarquable au confluent de la Garonne et du canal des Deux-Mers, à une distance à peu près égale des deux extrémités des Pyrénées, devait la faire regarder comme l'un des points les

plus importants du midi de la France, et la rendre
le théâtre d'événements militaires du premier ordre.

Toulouse est située sur la rive droite de la Garonne, qui la sépare du quartier Saint-Cyprien; un
pont en pierre, orné d'un arc de triomphe (l'un et
l'autre d'une construction moins élégante que so-
lide), sert à les unir. Le canal des Deux-Mers a son
embouchure sur cette même rive du fleuve, à 1,000
toises environ en aval de la ville; ce canal remonte
vers Saint-Étienne, faubourg diamétralement opposé à Saint-Cyprien, d'où longeant en partie les
promenades publiques, il se dirige sur Castelnaudary et le Bas-Languedoc. Un de ses embranche-
ments, appelé canal de Brienne, du nom du prélat
qui le fit construire, réunit une deuxième fois les
eaux de la Garonne au premier canal, et les reçoit
sur le quai Saint-Pierre, aux barrières de la ville.
Plusieurs ponts en maçonnerie sont jetés sur le canal des Deux-Mers, dans le rayon de Toulouse même; savoir : le double pont de l'Embouchure, ou le
Pont-Jumeau, au confluent des deux canaux; ceux
des Minimes, de Matabiau, de Guillemery, des
Demoiselles, sur les routes respectives de Montauban, d'Albi, de Lavaur, de Montaudran. Des écluses, moins multipliées toutefois aux environs de
Toulouse que sur d'autres points du cours du canal, servent, suivant les besoins de la navigation,
à former ou à rompre à volonté le niveau des eaux.
A peu de distance du pont de Matabiau, prend son

origine une ligne de monticules, appelés hauteurs de Montrave ou du Calvinet, qui s'élèvent progressivement; et après avoir été coupés par les grands chemins de Lavaur et de Revel, vont se terminer à Montaudran. La petite rivière de Lhers coule presque parallèlement à ces hauteurs, à environ 1,500 toises de Toulouse, et après un cours de dix lieues se jette dans la Garonne un peu au-dessus de Grenade.

Toulouse n'a pas moins d'une lieue et demie de circonférence extérieure sur les deux rives de la Garonne; elle était alors entourée, sur plusieurs points, d'une vieille enceinte avec terre-plein flanquée de tourelles, dont partie est encore aujourd'hui debout. Sa population s'élève à 50,000 âmes. Ce qui était surtout remarquable à l'époque qui nous occupe, c'était l'état moral de cette population. Les événements importants qui se préparaient avaient mis en présence toutes les opinions et tous les intérêts : on en démêlait le contraste sur les physionomies des habitants. Les uns, ennemis de tout système politique où la naissance ne sera pas un titre exclusif pour posséder les honneurs et les dignités; n'espérant plus rien d'ailleurs d'un gouvernement dont tout annonçait la chute prochaine, ne lui tenaient déjà plus aucun compte des faveurs obtenues de lui dans les derniers temps avec une étonnante profusion : ceux-là, nombreux et influents dans Toulouse, parce qu'ils traînaient

après eux une foule d'hommes qu'un ancien patro-
nage leur a asservis, soupiraient après l'arrivée des
Anglais, dans lesquels ils ne voulaient voir que des
amis et des libérateurs. Les autres, pour la plupart
négociants et propriétaires, appelaient de leurs
vœux les plus ardents une paix prochaine, mais
ne pouvaient l'envisager sans effroi, dictée par l'é-
tranger dans le sein même de la France. Enfin le
bas peuple, qui n'ayant rien à perdre espère que
tout changement lui sera profitable, attendait avec
une impatience mêlée de crainte l'entrée des coalisés dans Toulouse, avec l'espoir de trouver dans
quelque bouleversement prochain un objet de spé-
culation particulière. Du reste, malgré cette diver-
gence de désirs et de volontés, tous les habitants
de cette vaste cité, à l'exception d'un très-petit
nombre fait pour juger avec sagesse des événements
d'alors, étaient devenus timides, crédules, stupé-
faits de la présence de l'ennemi aux portes de leur
ville, entièrement livrés à l'appréhension de voir
Toulouse devenir le théâtre d'une bataille qui devait selon eux entraîner sa ruine; presque tous in-
capables, dans cette grave circonstance, d'une résolution énergique.

Une garde urbaine avait déjà été organisée dans
Toulouse sous les yeux du commissaire extraordinaire le conseiller-d'état Caffarelli, avec le concours
des généraux Travot et Berthier-Saint-Hilaire, commandant, le premier, la 10ᵉ division; l'autre, le dé-

partement de la Haute-Garonne. Cette garde avait
des chefs pris parmi les citoyens réunissant à la
considération due aux qualités personnelles, le cré-
dit que donne la fortune; elle était, d'ailleurs, composée d'habitants choisis dans diverses classes, mais
tous honnêtes et tranquilles : la plupart entièrement
disposés à maintenir, par une conduite ferme, la
sûreté et le calme dans l'intérieur de la ville; mais
très-éloignés, par l'âge, la profession, les habitudes,
de faire un service mobilisé. C'est dans de pareilles
circonstances que le maréchal Soult, précédé par
sa haute réputation, comme aussi par une inébran-
lable fermeté de caractère, vint établir à Toulouse
son quartier-général, et prendre cette ville pour
centre de ses opérations.

Le premier soin du général en chef est de faire
solder indistinctement deux mois à l'état-major et
aux troupes de l'armée. Les magasins d'habillement se vident par ses ordres; les objets qu'ils con-
tiennent sont livrés aux régiments pour lesquels les
travaux et les marches de la campagne les rendent
plus nécessaires. Les distributions de vivres pren-
nent de la régularité et de l'exactitude : celles de
fourrages, destinés à la division de cavalerie légère
et aux chevaux des divers parcs, se font avec plus
de parcimonie; réglées toutefois sur les moyens
réunis à cette époque, elles sont rarement inter-
rompues. L'effectif des divisions s'accroît aussi de
plusieurs mille recrues de la conscription de 1815,

qui attendaient à Toulouse l'arrivée de l'armée française, mais qui, peu exercées, ne pouvaient rendre
que de faibles services. Cette troupe novice resta séparée de ses régiments, et forma, avec les restes
de plusieurs bataillons de gardes nationales mobilisées, une réserve de 6,000 hommes sous les ordres du général Travot, secondé dans son commandement par les généraux Pozailly et Wouillemont.

Toulouse possède un arsenal de construction et
une fonderie de canons, dont les produits furent
précieux, en 1814, lorsque l'armée française vint
chercher un refuge dans la place. Notre matériel
n'avait pu être conservé en état durant la campagne
précédente, par défaut de temps et de moyens : les
magasins d'artillerie de Toulouse versèrent dans les
parcs des divisions, les canons, voitures, munitions,
approvisionnements nécessaires, à la suite d'ordres
précis donnés par le général Tirlet aux colonels
Vandrey et Bruyer, directeurs respectifs de l'arsenal et du grand parc de l'armée. L'échange du vieux
matériel contre des effets neufs à peine terminé,
l'artillerie de campagne fut établie sur un mode
régulier à raison de 6 bouches à feu par division
d'infanterie. Quant au matériel et aux canons ex-
cédants, partie resta en réserve pour être employée
utilement quelques jours après; partie, jugée super-
flue, fut dirigée sur Paris.

Tandis que le général en chef imprimait, dès
son entrée dans Toulouse, sa précieuse activité à

toutes les branches du service, l'armée française
arrivait sous les murs de la ville. Elle n'y prit point
ses logements : une partie, longeant les boulevarts,
remonta les avenues de Saint-Cyprien, et alla en
position à une lieue de ce quartier sur la petite rivière du Touch. Les divisions Taupin et Maransin
de l'aile droite, sous les ordres du lieutenant-général Reille, furent établies à Saint-Michel et à Saint-
Martin. Le lieutenant-général Drouet-d'Erlon occupa Tournefeuille avec les divisions Darricau et
Darmagnac du centre. L'aile gauche, composée des
divisions Harispe et Villate, resta, avec le lieutenant-général Clauzel, entre Portet et Toulouse. Les
mouvements de nos troupes vers ces nouveaux
points avaient pour spectateurs, le 24, plusieurs
milliers d'habitants accourus sur les boulevarts à
la rencontre de l'armée française : ceux-ci contem-
plaient avec respect et recueillement ces vieux débris des armées d'Espagne et de Portugal, auxquels
les fatigues de la campagne n'avaient rien enlevé
de leur mâle assurance. L'établissement de ces
troupes dans une position demi-circulaire à une
lieue en avant de Saint-Cyprien, avait pour but de
tenir les coalisés éloignés de ce quartier, pour leur
dérober les travaux importants qui devaient l'entourer, et changer cette portion de Toulouse en
une vaste tête de pont. La nature et la disposition
de ces travaux ayant beaucoup influé sur les mouvements ultérieurs de l'ennemi pour éviter l'atta-

que directe et de vive force de Saint-Cyprien, il ne paraîtra pas inutile de donner ici une rapide description des ouvrages qui rendaient ce quartier inexpugnable.

La tête du pont de Saint-Cyprien avait deux enceintes : la première, adossée à son ancien mur de clôture, contenait un développement d'environ 600 toises ; à la gauche le vaste bastion Muret, construit en avant de la grille de fer qui ferme le cours Dillon, barrait la route de Saint-Gaudens ; un second bastion entourait à droite, au nord, la tour située à l'angle du mur extérieur des hospices; on avait enfin établi devant la barrière de Fer, à l'entrée du quartier, de chaque côté de la porte principale, un blokans fait en palanques, et donnant des feux directs sur la grande avenue, et des feux croisés avec ceux des bastions des flancs collatéraux sur la promenade des boulevarts. Une traverse à l'épreuve du canon, construite en arrière, défendait l'entrée de cette porte, destinée à rester libre et ouverte pour les besoins du service. La portion de murailles de l'enceinte comprise entre les ouvrages était crénelée, ainsi que les habitations intérieures et adjacentes. Une tranchée large et profonde formait un fossé devant cette enceinte, et la préservait de l'escalade et de l'attachement du mineur au pied du parapet. Ces travaux étaient en pleine activité au moment de l'arrivée du général en chef dans Toulouse. Certain à peu près que

cette capitale du Midi servirait plus tard d'asile à
son armée, le maréchal avait lui-même ordonné
ces constructions avant que l'armée s'éloignât de
Bayonne; mais des ingénieurs attachés à l'état-major-général s'étaient spécialement rendus à Toulouse, dans les premiers jours de mars, pour tracer et
diriger les ouvrages : toutefois ces officiers furent
taxés d'avoir agi sur quelques points avec moins de
discernement que de zèle; quand ils se décidèrent,
par exemple, à sacrifier la belle promenade des
boulevarts de Saint-Cyprien, depuis vingt-cinq ans
l'ornement du quartier. Cette destruction, que les
habitants virent avec les plus vifs regrets, ne présenta, par le fait, à l'armée aucun avantage appré-
ciable.

La construction d'une deuxième ligne d'ouvrages, en avant de la première, avait paru nécessaire
pour éloigner de la ville l'ennemi, dont les feux
l'auraient indubitablement compromise sans cette
mesure, et pour occuper des points qui formaient
le complément du système de défense sur la rive
droite de la Garonne. Cette deuxième enceinte, ou
plutôt ce camp retranché, environnait le faubourg
Saint-Cyprien proprement dit, c'est-à-dire toutes
les habitations extérieures en avant de la grille du
quartier; elle était appuyée à la Garonne, à 200
toises du bastion Muret; et suivant en dehors les
murs des cimetières, allait couper plus loin le chemin de Fourguette-Villeneuve. Une redoute con-

struite sur l'ancien chemin de Cugnaux, autour des
maisons Auzole et Chastel, rattachait ces ouvrages
à ceux de la place, dite Patte-d'Oie. La ligne se
dirigeait de là vers l'ouest, pour atteindre et enve-
lopper la maison Rodeloze, en face de l'école de
tir, ou polygone de l'artillerie sur la route d'Auch;
elle se terminait enfin au moulin de Saint-Félix ou
Bourrasol, en aval et à 400 toises du quartier.
Quinze bouches à feu composaient l'armement de
la première enceinte, rendue susceptible sur tous
les points d'une excellente défense; du canon était
distribué aussi dans les ouvrages de la deuxième ligne, qui, du reste, sur un développement de 100
toises, présentait un grand nombre de points faibles, et un tracé dont le général en chef parut peu
satisfait.

L'armée française était depuis deux jours en position derrière le Touch, lorsque l'armée coalisée
débouchait à peine du chemin de Boulogne et Lombez à Toulouse; lord Wellington n'était même parvenu, qu'à l'aide des plus grands travaux et avec
des peines infinies, à lui faire franchir enfin cette
route, dans laquelle les manœuvres des son habile
adversaire avaient fait engager les alliés sans défiance. L'avant-garde ennemie se présenta, le 25
mars seulement, sur les trois directions qui viennent de l'ouest, et se réunissent à Saint-Cyprien.
Cette avant-garde, à la suite d'une forte reconnaissance sur notre ligne, attaque avec vigueur le gé-

néral Darmagnac à Tournefeuille : celui-ci juge prudent de céder à des forces supérieures, et de ne point s'obstiner à défendre le village; mais il occupe avec quelques troupes le pont en arrière sur le Touch, et développe sa division sur la rive droite. Le général Darricau, qui venait, dans ce même jour, de remplacer le général Taupin à Saint-Martin, effectue aussi un léger mouvement de retraite sur Perpan. L'ennemi continua son agression, et un engagement plus vif eut lieu le dimanche 27 : le pont du Touch, enlevé d'abord par celui-ci, repris ensuite par le général Darmagnac, resta enfin aux alliés, après plusieurs heures de défense et d'attaque vigoureuses ; ces opérations entraînèrent même un feu d'artillerie et de mousqueterie assez prolongé, pour que l'armée française fût laissée toute la journée sous les armes. La division Darmagnac se replia le soir sur le plateau de la Sypière, et rentra le lendemain dans la deuxième enceinte des ouvrages de Saint-Cyprien, en avant de la Patte-d'Oie. La division Darricau établit le 27, à l'entrée de la nuit, des postes sur la butte du polygone et les points adjacents, sous la protection d'une batterie construite autour de la maison fortifiée de Rodeloze.

Le but de lord Wellington dans ses mouvements pour s'emparer de la rive droite du Touch, et persévérer le 25 mars à nous faire rentrer dans les ouvrages de Saint-Cyprien, était de pouvoir d'abord

se prolonger sans obstacle sur la rive gauche de la
Garonne au-dessus et au-dessous de Toulouse, afin
de donner la rivière pour appui aux deux ailes de
son armée, et de tenir entièrement circonscrites
dans l'intérieur de la tête du pont les troupes françaises qui, à la suite de ces derniers engagements,
s'y étaient retirées. L'exécution d'un dessein plus
vaste, et de nature à changer, à agrandir tout à
coup le théâtre des opérations militaires aux environs de Toulouse, était encore créée et aplanie au
général anglais par sa nouvelle position : je veux
dire le passage de la Garonne. Se jeter sur les derrières de l'armée française; rendre, par suite, inutiles les ouvrages de Saint-Cyprien (circonstances
d'autant plus favorable à l'ennemi, qu'il ne pouvait espérer de les enlever par une attaque directe
et de vive force); nous placer enfin dans l'alterna-
tive, en venant prendre Toulouse à dos, d'évacuer
cette place ou de nous y laisser bloqués, étaient
pour lord Wellington les résultats brillants et décisifs de ce passage. Nul obstacle apparent n'empè-
chant du reste ce général en chef, une fois en contact avec la rive gauche, de passer sur la rive droite, il fait diriger, le 28, des colonnes et un équipage de pont de Tournefeuille sur le village de Portet, à une lieue de Toulouse sur la Garonne. Toutefois la rivière ayant paru trop large dans cet
endroit, l'équipage remonta jusqu'au hameau de
Roques, au-dessus du confluent de l'Arriége et de

la Garonne; et le 31, un pont de pontons fut jeté en face du village de Pinsaguel. Les motifs qui décidèrent lord Wellington à manœuvrer par la droite des positions de l'armée française à Toulouse, c'est-à-dire en amont de la ville, et les obstacles non prévus que l'ennemi rencontra dans ses divers projets de passage de la Garonne, trouveront place dans le courant de ce récit.

Les premiers mouvements des alliés sur le point de Roques une fois signalés, le maréchal donne l'ordre au lieutenant-général Clausel de traverser Toulouse avec les troupes de l'aile gauche, et d'aller les établir en tête du faubourg Saint-Michel. La division Villate est placée sur les hauteurs, entre Saint-Agne et Pouvourville; la division Harispe prend position à l'entrée du faubourg. Les desseins de l'ennemi pour franchir la Garonne en face de Pinsaguel ne présentant bientôt plus d'incertitude, les divisions Darricau et Darmagnac, et celle de cavalerie légère aux ordres du général Soult, se portent aussi en avant de Saint-Michel sur les hauteurs de Pech-David, pour agir avec les troupes de l'aile gauche. La nouvelle position occupée par les lieutenants-généraux Clausel et Drouet-d'Erlon, gardait le chemin de Vieille-Toulouse, et les débouchés au sud sur la rive droite de la Garonne qui conduisent à la nouvelle ville de ce nom; elle dominait aussi la route du Bas-Languedoc : cette position lisant en outre dans une vaste étendue de

pays à l'ouest, nous laissait entièrement apercevoir
et calculer les mouvements de l'ennemi. Celui-ci
jette en effet, sous nos yeux, une partie de son armée avec du canon sur la rive droite de la Garonne; cette colonne se dirige sans délai, par la grande route de Foix, sur Auterrive, dans le dessein de
passer l'Arriége et de se porter à Villefranche : la
réussite de cette manœuvre, en livrant à l'ennemi
la route du Bas-Languedoc, nous forçait d'abandonner Toulouse et la ligne de la Garonne, et d'aller prendre une nouvelle base d'opérations sur le
Tarn, à Montauban, dont les dehors étaient déjà
fortifiés.

Les coalisés arrivent à Cintegabelle, traversent
l'Arriége, et se dirigent sur Villefranche : leur avant-
garde avait déjà poussé jusqu'à Nailloux, à moitié
distance entre les deux premières villes ; mais des
efforts pour passer cet endroit furent inutilement
tentés. Les chemins sur les limites des départements de la Haute-Garonne et de l'Arriége n'ont
jamais été de nature, par leur importance, à fixer
l'attention de l'autorité : le fond glaiseux sur lequel
ils sont assis, les rend cependant difficiles à suivre
en hiver; et les pluies tombées dans les derniers
jours de mars avaient achevé de les rendre imprati-
cables. Lord Wellington dut, en conséquence, re-
noncer à son projet de prendre à dos l'armée française, en se portant de Cintegabelle à Villefranche ;
mais on assure que si ce général en chef avait re-

monté l'Arriége jusqu'à Saverdun, pour de là se diriger par Mazères sur Castelnaudary, son mouvement eût réussi, et que la route du Bas-Languedoc lui aurait appartenu sans obstacle. Quoi qu'il en soit, la partie de l'armée coalisée destinée à cette opération militaire retourne sur ses pas, repasse la Garonne au pont jeté à Pinsaguel, et se réunit de nouveau à la portion restée stationnée sur la rive gauche du fleuve.

La conduite du général anglais dans ces dernières manœuvres, le choix d'un point au-dessus de Toulouse pour passer la Garonne et ensuite l'Arriége, ses tentatives pour arriver à Villefranche, ne peuvent laisser de doute que le but des mouvements qui précèdent ne fût de s'emparer de la route du Bas-Languedoc, afin d'opérer, en descendant sur Toulouse, une diversion importante ou plutôt décisive sur les derrières de l'armée française, comme aussi de lui enlever la seule voie de communiquer avec les troupes de l'armée d'Arragon réunies, à cette époque, aux environs de Narbonne et dans les Pyrénées-Orientales, au nombre de 10 à 12,000 baïonnettes. Toutefois ces manœuvres et leurs résultats placèrent lord Wellington lui-même entre les armées françaises d'Arragon et de Toulouse : le général anglais, modèle de prudence et de réserve à toutes les époques de sa carrière militaire, qui, surtout depuis Orthez, avait déployé dans ses moindres mouvements une circonspection remarquable, aventurait donc, sans hésiter, une partie de son armée au milieu d'un pays inconnu, et s'exposait sciemment à la mettre entre deux feux.

Cette hardiesse, bien digne de fixer notre attention par sa nouveauté, ne doit laisser aucun doute que la proximité de l'armée d'Arragon ne donnait nulle inquiétude au général anglais, dans la conviction où celui-ci se trouvait, sans contredit, que, chargé de défendre une étendue de frontières considérable et en présence d'une ligne de troupes espagnoles, le maréchal qui commandait cette armée ne pourrait exécuter aucun mouvement sans compromettre la sûreté des points confiés à sa surveillance, pour venir devant Toulouse joindre ses efforts à ceux de son frère d'armes : le passage de la Garonne à Pinsaguel, et la marche des coalisés pour atteindre Villefranche et la route du Bas-Languedoc, nous laissèrent, en conséquence, la triste conviction que tout espoir de relations et de secours avec une armée voisine était désormais perdu; il ne resta de la sorte à l'armée d'Espagne et des Pyrénées, que la perspective certaine de poursuivre la campagne avec ses forces déjà si réduites, et de trouver dans la lutte inégale engagée avec l'armée ennemie une destruction inévitable et prochaine.

Après les tentatives infructueuses faites par lord Wellington pour manœuvrer sur la rive droite de

la Garonne en avant de Toulouse, et par la route
du Bas-Languedoc, ce général en chef se décida,
s'en désemparer, à brusquer le passage du fleuve
au-dessous de la même ville. Le général Darmagnac, resté depuis le 28 mars en position avec sa
troupe sur les hauteurs de Pech-David, signala en
effet, le 4 avril, au maréchal, une immense colonne de troupes de toute arme, et un train considérable de voitures, qui paraissaient se diriger de Pinsaguel et de Tournefeuille sur Grenade. Toutefois
des observations plus exactes firent reconnaître que
cette colonne, qui comprenait la majeure partie de
l'armée alliée, s'était arrêtée entre ce dernier lieu
et le village de Beauzelle, et venait de jeter ses pontons sur la Garonne, proche du hameau de Seilh,
en face de celui de Gagnac, à trois lieues environ
au-dessous de Toulouse : cette opération commen-
cée à la chute du jour, n'avait exigé que quatre
heures, malgré la pluie qui ne cessait de tomber
pendant sa durée.

Le 5 avril au matin, une avant-garde de 10,000
hommes appartenant au corps du maréchal Béresford, une partie de la cavalerie britannique, é-
taient déjà passées sur la rive droite, et allaient ê-
tre suivies de la quatrième armée espagnole, commandée par le lieutenant-général Frayre : quand
le fleuve, gonflé dans la nuit par une crue subite
d'eau, aux terribles effets de laquelle se joint le flot
de plusieurs radeaux construits d'avance dans le ca-

nal de Brienne, et lancés à dessein dans le courant, vient battre avec violence contre les pontons,
les sépare, les brise, détruit le pont, et coupe de la
sorte toute communication entre les deux rives. Ce
désastreux événement rend la position des troupes
jetées sur la rive droite, au plus haut point critique : sans munitions, sans vivres, privée de tout
espoir de secours, cette partie de l'armée coalisée
se regarde comme la proie des Français. Une profonde consternation règne aussi sur la rive opposée, d'où le désastre est aperçu, et d'où toutes les
conséquences peuvent en être calculées. L'abandon, le sacrifice des 10,000 hommes d'avant-garde
est déjà résolu au quartier-général des alliés; on y
agite même si, avant que la nouvelle de ce revers
ne vienne réveiller l'ardeur des cantons voisins des
Pyrénées que l'ennemi juge les plus redoutables, la
prudence n'exige pas qu'il soit procédé sur-le-champ
à une retraite définitive.

La situation désastreuse de sir William Béresford
sur la rive droite de la Garonne, pouvait, en quelque sorte, avoir pour témoin l'armée française et
son général en chef, puisque nous occupions alors
à peu de distance de Grenade, sur cette rive, les
points de Castelnau et de Saint-Caprais, à une forte
lieue au-dessous de Gagnac : nul mouvement des
coalisés, nulle circonstance relative à la rupture du
pont ne paraissait devoir, par suite, nous échapper.
Toutefois, il passe alors pour certain que le défaut

absolu de renseignements sur la position critique
des alliés, avait empêché le maréchal de tenter de
détruire la colonne ennemie qui venait d'être livrée
à notre merci, et que ce ne fut que plus tard, quand
l'occasion était perdue, que les troupes du lieutenant-général Drouet-d'Erlon purent se tenir prêtes
à marcher, de concert avec la division Taupin, dé-
signée aussi pour prendre part à ce mouvement.
Enlever et culbuter dans la Garonne tout ce qui é-
tait sur notre rive, peut paraître, au premier aperçu, une entreprise d'un succès non douteux. En
admettant toutefois que le maréchal fût parfaite-
ment instruit de la situation des coalisés, et décidé même à combattre la portion de leur armée déjà établie sur notre rive; l'objet principal de ce
général en chef étant de frapper un coup décisif
sous les murs de Toulouse, n'avait-il pas à consi-
dérer, avant de rien entreprendre, s'il n'était pas
plus avantageux de conserver intacte son armée,
déjà si réduite, pour agir avec ensemble à la tête
de toutes ses forces réunies sur un terrain étudié et
fortifié d'avance? Au moment qui nous occupe, ce
motif aurait pu le détourner de faire un détachement qui, au moins égal à l'ennemi à combattre,
absorbait plus de 10,000 hommes, c'est-à-dire la
moitié de l'armée française. Le maréchal ne pouvait aussi perdre de vue, que tandis que l'ennemi,
attaqué et même battu à Gagnac, eût vendu chèrement sa vie, la tête du pont de Saint-Cyprien,

couverte seulement par la deuxième moitié de notre armée, serait restée à la merci des nombreuses
troupes qui peuplaient encore l'armée coalisée. En
admettant enfin (le résultat des opérations sur la
Nive ne rend pas cette supposition sans motif) le
cas de non réussite contre la colonne ennemie isolée à Gagnac, plus d'espoir de défendre Toulouse,
et de tenir désormais la campagne avec le peu de
forces qui nous seraient restées après un engagement aussi meurtrier.

Le général en chef demeura donc, à ce qu'il paraît, durant trois jours, entièrement étranger aux
manœuvres de l'ennemi, et à ses alarmes sur là rive droite de la Garonne; de son côté, l'armée française perdit l'occasion de l'aborder à forces égales,
et de tenter une victoire déjà préparée par la crainte et le découragement des alliés. Après quarante-
huit heures d'attente et d'anxiété, sir William Béresford profita de la baisse des eaux pour faire res-
taurer les ponts, et rétablir les communications entre les deux rives. Le 8 avril, enfin, la portion de
l'armée coalisée destinée à agir à l'est de Toulouse, et
forte de 50,000 baïonnettes, acheva de passer la Garonne; 6,000 chevaux, les parcs d'artillerie, et le
quartier-général, traversèrent aussi le fleuve. L'ennemi occupa sur-le-champ le bourg de Grisolles,
et intercepta, de la sorte, la route de Montauban,
qui est aussi celle de Paris. La cavalerie britannique se prolongeait, dès le 7, dans les plaines adja-

centes aux deux rives du Lhers, et poussait des reconnaissances sur Saint-Loup et Pechponieu.

Les inquiétudes causées par la marche de l'ennemi sur Cintegabelle, et par ses manœuvres vers la route du Bas-Languedoc, une fois dissipées, le maréchal changeant ses premières dispositions en avant de Saint-Michel, en avait pris de nouvelles plus appropriées aux circonstances : il porte, dès les premiers jours d'avril, sa principale attention sur la partie inférieure du canal qui va devenir la plus voisine de l'ennemi, et contre laquelle, maître de la rive droite de la Garonne au-dessus de Toulouse, il ne peut manquer de faire de prochaines démonstrations. Les divisions Darricau, du centre, Villate et Harispe de l'aile gauche, sont, en conséquence, établies en avant de l'embouchure du canal, sur les routes de Montauban et d'Albi, et aux faubourgs Saint-Étienne et Guillemeri. La division Darmagnac descend, le 5, de Pech-David; et après avoir placé de simples postes sur la Garonne au pied de ces hauteurs, vient se réunir au centre, dont il fait partie, dans ce dernier faubourg. Les généraux Taupin et Maransin continuent d'occuper Saint-Cyprien et ses ouvrages extérieurs. Alors est conçu, arrêté et exécuté sans délai le projet destiné à faire constamment l'admiration des gens de guerre, de défendre l'immense ville de Toulouse; ou plutôt, par une étude approfondie de ses dehors, de les transformer, au moyen

d'un système de points fortifiés et de lignes, en un
vaste camp retranché de trois lieues d'étendue, où
24,000 Français doivent soutenir une lutte à jamais mémorable contre un ennemi trois fois supérieur.

Les ouvrages de campagne couvrent aussitôt tous
les ponts du canal extérieurs à la cité ; les habitations ou magasins adjacents sont crénelés ; les hauteurs de Montrave ou du Calvinet, couronnées
d'ouvrages, deviennent susceptibles d'une bonne
défense. Cinq redoutes, construites sur ce plateau,
en gardaient les approches : au nord, la grande
redoute, et en arrière de celle-ci la redoute triangulaire, battaient la route d'Albi, la plaine de la
rivière de Lhers, et le flanc gauche de la position ;
au centre, les redoutes du Colombier et des Augustins découvraient cette même plaine du Lhers et la
route de Lavaur. Enfin l'ouvrage de droite, connu
sous le nom de redoute de Sypière, voyait le chemin de Caraman : moins perfectionné que les autres, ce poste servait cependant d'appui à la position. Les intervalles de près de 1,200 toises entre
les redoutes du nord et de Sypière, surtout les
points en avant et sur le flanc des premiers ouvrages, étaient défendus par un système de lignes,
ou par des accidents de terrain mis habilement à
profit. Un chemin recouvert en madriers, fixés sur
le sol, servait de communication en arrière des redoutes du nord et du centre : il avait remplacé l'an-

cien sentier, impropre par la nature de son fond glaiseux aux manœuvres de l'artillerie.

Le quartier Saint-Michel, au sud de la ville, et plus loin l'église des ci-devant Récollets, sont mis aussi en état de défense : le général en chef a pour objet de couvrir ainsi son flanc droit contre les tentatives de l'ennemi, dans le cas d'un nouveau passage de la Garonne en amont de Toulouse. Un vieil aquéduc, large et profond, en arrière la butte fortifiée du Jardin des Plantes, et une réserve établie dans l'habitation appelée le Busca, lient les ouvrages de Saint-Michel avec une tête d'un développement considérable construite en avant du pont des Demoiselles ou de Montaudran, laquelle fait un même système défensif avec les cinq redoutes du Calvinet, et la partie inférieure du canal. Quelques points de la vieille enceinte de ville sont disposés aussi pour recevoir du canon de gros calibre; entre autres la portion qui entoure à l'ouest l'école d'artillerie, et plus loin les parties rapprochées des portes Arnaud-Bernard et Matabiau. Ces mêmes portes de ville, la Porte-Neuve et celle de Saint-Pierre, étaient masquées par des redans. On crénela les maisons situées sur les bords du canal. Les hangars et les magasins de l'embouchure, le vaste couvent des ci-devant Minimes, en avant de la tête du pont du même nom, furent de ce nombre; quelques habitations étaient couvertes, en outre, par des épaulements en terre, telles que les

maisons Cambon et Saccarin au-dessus de Guillemery.

Ces travaux, ou plutôt cette immense ligne d'ouvrages, se construisirent avec la plus grande rapidité : les sapeurs du génie, et les troupes d'infanterie, sous la direction des ingénieurs militaires
ayant à leur tête le colonel Michaux (*), de la même arme, y travaillèrent sans désemparer. Chaque
corps avait pour tâche de fortifier son front et les
points extérieurs où la troupe devait agir. Le 2 a-
vril seulement, l'armée met la main à l'œuvre :
quatre jours suffisent pour mettre les redoutes à
l'abri d'un coup de main ; le reste du temps, jusqu'au 10, est employé à régler les épaulements, à
escarper les fossés, à introduire les défenses acces-
soires. On assure que le général en chef lui-même,
une pioche à la main, et se mêlant aux soldats,
donnait quelquefois l'exemple du travail et de l'activité. La troupe fit, du reste, preuve dans ce moment remarquable du plus entier dévouement. Des
habitants, dont tous outils à pionnier avaient été
mis en réquisition, étaient quelquefois amenés,
contre leur gré, au milieu des travailleurs : ils ne
voyaient élever qu'avec inquiétude et regret des
masses de terre qui, en rendant Toulouse ville
forte, augmentaient leurs craintes en raison même du degré de confiance que nous donnait, chaque jour, la rapide exécution de nos travaux.

(*) Aujourd'hui maréchal-de-camp.

4

Un moyen aussi ingénieux qu'expéditif, employé plus d'une fois pour barricader les rues dans nos troubles politiques, fut mis en usage sur toute la ligne : il consistait dans l'emploi de tonneaux à un fond, en place de gabions, pour construire les parapets des ouvrages. Les travaux exécutés par les troupes d'artillerie pour l'établissement de leurs pièces sur les points les plus importants, étaient aussi en pleine activité : artilleurs, pontonniers, ouvriers, soldats du train, tous rivalisaient d'ardeur, sans que la rapidité du travail nuisît toutefois à la bonne disposition et à la force des batteries construites.

Le général en chef défendit de rien évacuer de la place ; le trésor, les équipages, qui en étaient partis, reçurent l'ordre d'y rentrer : cette mesure, qui avait pour but de les préserver des reconnaissances ennemies susceptibles d'atteindre la route du Bas-Languedoc, fit croire que son dessein était de se défendre dans Toulouse jusqu'à la dernière extrémité, de s'ensevelir même sous les ruines de la ville. Une pareille perspective n'était rien moins que rassurante pour les habitants. Cette supposition, plus que prématurée, fait de rapides progrès : la terreur s'empare de tous les esprits ; et, de ce jour, doit dater l'éloignement que la majeure partie des Toulousains a long-temps conservé et conserve peut-être encore pour le général en chef de l'armée française à cette époque. N'ayant en vue que leurs intérêts propres, sans désirer, ni à la rigueur être tenus, d'élever leur esprit à des considérations plus étendues, les habitants de Toulouse ne pouvaient voir qu'avec une sensible répugnance ce général en chef combattre encore, au prix de leur tranquillité, pour l'indépendance nationale. Exposer leur ville en vue de soutenir un état de choses que, dans l'ignorance absolue de l'armée touchant les événements survenus dans la capitale, nous croyions être toujours lié à la cause de la France, paraissait, aux yeux prévenus des Toulousains, une conduite entièrement digne de blâme. Ils ne pouvaient enfin se pénétrer de l'idée que, suivant les lois rigoureuses de l'honneur, la position de Toulouse, son importance, fissent au maréchal un devoir d'employer toutes les ressources de son activité et de son génie pour se maintenir dans la place, ou pour en rendre la possession coûteuse à l'ennemi; et que ces motifs, sacrés pour un chef comptable à la patrie dans de si graves circonstances des postes qu'elle lui confie, dussent être l'unique mobile de sa conduite.

Sans rien préjuger encore sur les intentions du général en chef de se défendre pied à pied dans Toulouse, intentions qui seront suffisamment éclaircies dans le courant de ce récit, il s'en fallut peu que, par le fait, l'armée française ne se vît totalement entourée dans les murs de cette ville : lord Wellington, maître, depuis le 8 avril, de la

rive droite de la Garonne au nord de Toulouse,
et des routes de Montauban et d'Albi, envoya des
troupes en reconnaissance vers celle du Bas-Languedoc. Ces troupes s'approchèrent de cette route,
mais ne purent l'atteindre : elles suivirent jusqu'à
Lanta une colonne d'observation française, composée d'un régiment de chasseurs, et de deux compagnies de voltigeurs. Ceux-ci, trop faibles pour
tenir tête à l'ennemi, voulurent se replier derrière
le Lhers par le pont de Lasbordes; mais les alliés
étaient déjà maîtres du hameau de ce nom. Cette
troupe remonta, en conséquence, la rivière qu'elle
franchit, le 10 au matin, sur le pont de Montaudran.

Le 8 au matin, il y eut sur la route de Montaudran divers engagements, et des escarmouches de
cavalerie vers l'Espinasse, en-deçà de Saint-Jory,
où était le quartier-général des Anglais : il s'y en-
gagea une fusillade assez vive, que nos voltigeurs
soutinrent avec vigueur; cédant toutefois au nombre, ceux-ci se replièrent sous le canon des ouvrages de l'embouchure et des Minimes; la brigade
Vial, de cavalerie légère, se retira aussi de Fe-
nouillet sur Croix-Dorade.

Tout était rentré dans l'ordre, quand, vers deux
heures de l'après-midi, une vedette française s'é-
tant laissé surprendre, selon d'autres ayant déser-
té, l'ennemi profite de cet avantage pour attaquer
la brigade Vial à Croix-Dorade, autrement dit Saint-
Jean-de-Kyrie-Eleison, à une lieue de Toulouse,

sur la route d'Albi. Le général Soult était aussi sans
défiance dans le village avec son état-major, au
moment de l'attaque. Il fallut l'agilité et la bravoure des hussards du 2ᵉ, pour empêcher que cet
état-major et la brigade ne fussent pris ou échar-
pés : les Français n'ont que le temps de monter à
cheval et de se retirer, à bride abattue, à travers le
village, après avoir échangé quelques coups de ca-
rabine avec les hussards anglais. L'engagement
devient plus sérieux en arrière de Croix-Dorade, à
peu de distance du pont du Lhers : les escadrons
du général Vial s'y conduisirent avec leur valeur
accoutumée; mais ils n'étaient parvenus à se déga-
ger dans le village, à empêcher ensuite les progrès
de la cavalerie britannique, qu'en essuyant une
perte d'environ 100 hommes et autant de chevaux
pris ou mis hors de combat. Le colonel Vivian,
dont la brigade venait d'être engagée dans l'action,
fut au nombre des blessés du côté de l'ennemi : sa
troupe ne put, du reste, dépasser le pont du Lhers,
mais elle resta en possession de la rive droite et de
Croix-Dorade.

Le 8 avril aussi, l'entrée des étrangers dans Paris, sourdement annoncée, ne fut presque plus un
secret pour les habitants et la troupe. Du reste
cette nouvelle, isolée des incidents extraordinaires
qui suivirent l'occupation de la capitale, ne portant d'ailleurs aucun caractère officiel, gardait en
outre le silence le plus absolu sur le concours des

événements qui rappelait au trône de France l'ancienne dynastie de ses rois, et assurait la paix de
l'Europe. Aussi ceux d'entre les Toulousains encore jaloux de l'honneur national, déplorant les mauvais succès qui venaient de livrer à l'étranger la capitale de la France, furent-ils consternés de la nouvelle de sa chute. Les soldats en apprirent les détails avec la froide indifférence d'hommes qu'une
série de faits malheureux et de funestes défections
avait depuis deux ans préparés aux événements les
plus extraordinaires : et n'y puisant même qu'un
plus ardent désir de venger les tristes résultats des
opérations militaires devant Paris, officiers et soldats de l'armée d'Espagne et des Pyrénées se dis-
posèrent à faire les derniers efforts pour maintenir
l'indépendance de leur patrie, et non, comme on
l'a faussement supposé, pour soutenir une cause
qui, aux yeux des moins clairvoyants, après la prise de la capitale, et au moment où l'on combattait
à Toulouse, n'existait plus pour nous.

Le 9, l'armée française prend les armes avant le
jour. La division Taupin se porte, comme troupe
de réserve, au-dessus de Guillemery, en avant de
la maison Cambon; la garde du quartier Saint-Cyprien reste, par suite, exclusivement confiée à la
division Maransin. L'ennemi emploie la journée à
faire remonter la Garonne à ses pontons : il les place au-dessus du château de Blagnac, et établit de
la sorte des communications plus immédiates en-

tre la rive droite et le corps anglo-portugais du lieutenant-général Hill resté stationné en face de Saint-
Cyprien, sur le plateau de la Sypière, à droite et à
gauche de la route de Lombez.

La cavalerie ennemie était, le 9 au soir, obser-
vée par la nôtre sur le ruisseau de la Sillonne, au-
delà de Balma et de Péchoriolle, sur la rive droite
du Lhers. Le maréchal, qui lui-même était alors à
Balma, fit replier dans la nuit une partie de nos ca-
valiers sur Toulouse. Les autres, au nombre de 600
sous les ordres du général Berton, ne quittent Balma que le lendemain au point du jour. Vivement
poursuivi dans sa retraite, le général Berton se retira toutefois en ordre, et après avoir exécuté plusieurs charges sur le pont de Lasbordes ou de Saint-
Martin, qu'il fait sauter (2). La cavalerie anglaise
prévient, par la vitesse de sa marche, la destruction
de celui de Montaudran : elle s'en empara, après
que la colonne française que nous avons vue s'y diriger de Lanta, eut passé le Lhers ; et malgré les
efforts de la compagnie d'élite du 22e de chasseurs,
qui, seule, soutint un instant tout le choc de l'ennemi, pendant que l'on essayait de mettre le feu
aux fougasses. Les actions de peu d'importance qui
se livrèrent du 5 au 9 avril aux environs de Toulouse, n'étaient du reste que les insignifiants prélimi-
naires de celles que devait amener la journée du 10,
envisagée par nous comme le terme de nos débats,
et le témoin de nos derniers efforts.

Ce 10 avril, jour de Pâques, paraît enfin ; les avant-postes sont en contact ; une bataille décisive ne peut plus être différée. Habitants, chefs, soldats, tous désirent avec ardeur la fin d'un état de crise déjà trop prolongé : les premiers, étroitement bloqués dans leur ville, tandis que leurs propriétés extérieures restent à la merci de l'une ou de l'autre armée, tout-à-fait déçus de l'espoir dont ils s'étaient un instant flattés d'une suspension d'armes, fondé sur l'attente des nouvelles officielles de Paris, préfèrent un résultat quelconque à la pénible incertitude, à la cruelle anxiété qui les environnent. Leurs tristes vœux vont être remplis : l'ignorance de l'armée sur les événements du 31 mars et des premiers jours d'avril dans Paris, va faire répandre encore le sang français, déjà tant prodigué jusqu'à cette époque ; la même ignorance des événements (puissent la vérité et la philanthropie ne pas m'accuser ici d'erreur ou de partialité) fera acheter aux coalisés, par une perte énorme, la possession d'une ville qui ne devait être que le témoin des transports d'allégresse de troupes de quatre nations que la paix avait enfin réunies.

L'armée française est en ligne avant le point du jour : la division Darricau s'étend de l'embouchure du canal à la tête du pont de Matabiau, sur la route d'Albi. Le 31e léger (division Darmagnac) occupe le vaste couvent des Minimes, en avant et à gauche de la tête du pont de ce nom, sur la route de

Paris; quatre régiments de cette même division sont en réserve au-delà du canal, cachés par des accidents de terrain et les arbres des pépinières, entre la route d'Albi et les tuileries. La brigade Saint-Pol (division Villate) garde le mamelon de la Pujade et les retranchements avancés des ouvrages du nord; elle plonge aussi sur les bords du Lhers, et observe le débouché de Croix-Dorade. La brigade Lamorandière (même division), et les escadrons du général Vial, occupent Montblanc et les avant-postes sur la rive gauche et la partie inférieure du Lhers. Le général Harispe est chargé, avec les 81e, 116e et 117e de ligne, de la défense des quatre redoutes établies à la gauche du plateau du Calvinet; celle de Sypière, à l'extrême droite, est occupée par un bataillon du 9e léger, sous les ordres du général Dauture. La division Taupin, qui vient, comme la veille, de traverser Toulouse pour se rendre en réserve au-dessus de Guillemery, attend des ordres en avant de l'habitation Cambon. La brigade Berton (cavalerie légère) observe le cours supérieur du Lhers, depuis l'ancien pont de Lasbordes jusqu'à celui de Montaudran. Enfin le lieutenant-général Reille est chargé, avec la division Maransin, de garder la double tête du pont de Saint-Cyprien.

Le général en chef ne veut s'entourer, pour les opérations décisives qui vont sans nul doute avoir lieu, que de troupes d'une valeur exercée : les vieux soldats restent, en conséquence, seuls en première ligne, au nombre de 21,000 combattants de toutes les armes : six bataillons de jeunes conscrits, des détachements d'isolés et de gardes nationales occupent, sous les ordres du général Travot, la deuxième ligne; celle-ci comprend les ouvrages de Saint-Michel, la tête du pont des Demoiselles, le Busca, la butte fortifiée du Jardin des Plantes, et les vieux remparts de la ville, depuis la porte Saint-Étienne jusqu'à la grille Saint-Pierre.

Le plan d'attaque projeté par l'ennemi est vaste, et se rapporte à la quantité de forces qu'il peut nous opposer; le voici : diriger une fausse attaque sur les ouvrages de Saint-Cyprien, en feignant de vouloir les enlever de vive force pour y attirer notre attention, et nous engager à les renfermer en dégarnissant le reste de notre ligne; effectuer des démonstrations semblables contre la partie inférieure du canal, et donner des inquiétudes pour l'issue des opérations sur ce point, afin de mettre le maréchal dans la nécessité d'affaiblir la droite pour amener du secours à la gauche; marcher sur les redoutes du nord, les insulter de front, mais les attaquer réellement par leur flanc, et les enlever; enfin se porter, par un mouvement rapide, vers Montaudran, en remontant le Lhers, tourner notre droite, s'emparer du plateau du Calvinet, descendre brusquement sur le pont des Demoiselles, et l'emporter de vive force; alors se jeter sans obstacle dans la route du Bas-Languedoc, et couper ainsi la retraite à l'armée française.

Sir Rowland Hill, à la tête des divisions Steward Munay, Morillo, et d'une brigade de cavalerie britannique, en tout 25,000 hommes, est chargé de l'attaque des ouvrages de Saint-Cyprien; le lieutenant-général Picton, avec sa division et les troupes légères du baron d'Alten, éclairées par une brigade de cavalerie allemande, ensemble 16,000 combattants, doit faire les mêmes tentatives sur la partie inférieure du canal; le lieutenant-général don Manuel Frayre reçoit l'ordre d'aborder, avec la quatrième armée espagnole, forte de 15,000 baïonnettes, les redoutes du nord; enfin le maréchal Béresford, à la tête de 20,000 Écossais et Anglais (division Cole et Clinton), doit manœuvrer sur notre droite pour enlever les hauteurs prolongées du Calvinet, et le pont des Demoiselles; deux brigades de cavalerie, sous les ordres du lieutenant-général sir Stapleton-Cotton, sont réunies à Croix-Dorade, où se trouve aussi le quartier-général de lord Wellington, pour éclairer et seconder les mouvements de cette colonne sur les deux rives du Lhers.

Soixante-dix mille coalisés aspirent ainsi à déloger vingt-un mille Français d'une position de deux lieues d'étendue; et ceux-ci jetteront encore, par la lutte mémorable qui va s'engager, un nouveau lustre sur nos armées. Leurs succès seront un instant interrompus, vers le milieu de l'action, par une catastrophe malheureuse; ils ne perdront toutefois qu'une faible partie de leur éclat, et l'honneur national n'en recevra point d'atteinte.

Sir Rowland Hill marche à l'attaque à six heures du matin : le moulin et la tuilerie de Bourrasol, à l'extrême droite de la deuxième enceinte de Saint-Cyprien, presque en face de l'embouchure, méritent, par leur importance, de fixer les premiers son attention. Un bataillon du 40ᵉ de ligne de garde dans ce double établissement, sans artillerie à opposer à celle des alliés, ne tarde pas à apercevoir ceux-ci franchir le canal qui alimente le moulin, dans un endroit favorable par son peu de largeur, et marcher en avant pour tourner le poste ; ce bataillon se décide à la retraite, après avoir reçu et exécuté l'ordre rigoureux de mettre le feu aux deux maisons abandonnées. L'ennemi, arrivé assez à temps, arrête l'incendie, et établit sur-le-champ des batteries autour de Bourrasol, en employant même à cette construction des amas de briques appartenant à la tuilerie. Ce canon prenait de revers les ouvrages de la Pate-d'Oie, et la maison fortifiée de Rodeloze; tandis que de nombreux tirailleurs, sous la protection des pièces établies sur le rideau de la Sypière et sur la butte du polygone, insultaient de front ces mêmes ouvrages.

Le lieutenant-général Reille, qui ne dispose que

de la division Maransin, forte au plus de 4,000 baïonnettes, reconnaît bientôt l'impossibilité de garder avec avantage une ligne de près de 1,000 toises de développement, dont un des points principaux vient même de lui être enlevé : les troupes de la maison Rodeloze se replient, en conséquence, avec ordre sur la Pate-d'Oie. Les défenseurs des ouvrages de ce nom, appartenant au 27e léger, s'y maintiennent d'abord avec vigueur; mais les motifs déjà exposés, et des événements survenus sur la rive droite, exigent que la Pate-d'Oie soit évacuée. Cet abandon est suivi de celui des retranchements de Castel et d'Aurole sur la vieille route de Cugnaux, et de toute la première enceinte. Ces mouvements rétrogrades s'exécutent avec ordre : le général Maransin profite des murs des cimetières et des jardins pour défendre le terrain pied à pied, et retarder la marche de l'ennemi; ses troupes, arrivées sur les glacis du bastion Muret, rentrent dans cet ouvrage par la rampe latérale et défilée que l'on y a d'avance construite, et ne laissent que quelques tirailleurs en dehors.

La possession du moulin de Bourrasol avait laissé les coalisés libres de s'avancer vers le côté de la deuxième enceinte du quartier appuyé à droite à la Garonne : l'abandon de notre première ligne achève de leur livrer toutes les habitations situées entre la Pate-d'Oie et la grille de Saint-Cyprien, et qui constituent le faubourg proprement dit. Tou-

tefois l'ennemi, qui, de cet instant, n'est séparé
des nouveaux retranchements occupés par la division Maransin que par la promenade des boulevarts, n'ose se décider à une attaque sérieuse de
Saint-Cyprien : il se contente d'établir du canon
contre les deux blokants de l'entrée du quartier, et
contre le bastion Muret; ses tirailleurs plongent
aussi du haut des maisons qui bordent les boulevarts dans l'intérieur des ouvrages en face, et nous
blessent nombre de soldats. Il parut urgent de se
préserver de cette grêle de balles qui déjà avaient
mis hors de combat plusieurs canonniers du bastion Muret; une mesure violente, mais constamment autorisée par les lois de la guerre, fut ordonnée : l'on mit le feu aux habitations dont l'exi-
stence pouvait ultérieurement nous être nuisible.

Cependant le service de l'artillerie ennemie ne
discontinuait pas, et les grilles du Cours-Dillon
ont long-temps porté l'empreinte de ses coups;
mais toutes les entreprises sérieuses des alliés contre le quartier étaient sans résultat : balayés par le
canon du bastion Muret sur la route de Saint-Gaudens, battus par les pièces des blokants de la grille
de Saint-Cyprien sur l'avenue de Gascogne et la
promenade des boulevarts, ils ne pouvaient impunément s'approcher des ouvrages pour y attacher
le mineur ou tenter l'escalade. Le lieutenant-général sir Rowland Hill, perdant espoir d'obtenir sur
ce point quelques succès, se décida enfin à sus-

pendre son agression, et à ne plus ordonner contre le quartier, dans la soirée, aucune tentative sérieuse.

Des opérations plus importantes et des résultats
plus décisifs nous appellent sur la rive droite de la
Garonne : la défense de la double tête du pont de
l'embouchure, ou pont Jumeau, se présente la première, et n'est pas le moindre des faits d'armes qui
ont immortalisé la journée du 10 avril.

Les détachements de la division Darricau placés
en avant de cette tête de pont, attaqués vers six
heures du matin par les troupes du lieutenant-général sir Thomas Picton, presque toutes britanniques, se maintinrent quelque temps sur la rive droite du canal, et sous la protection du canon des ouvrages; mais une nuée de tirailleurs ennemis force
les nôtres d'abandonner les maisons crénelées qui
servaient d'avant-postes, entre autres l'habitation
dite Petit-Gragnagues, et de passer par la double
tête du pont sur la rive gauche du canal. Les Français s'étendent de suite le long de cette rive; quelques tirailleurs se maintiennent néanmoins sur le
bord opposé à droite et à gauche des ouvrages qui
leur servent d'appui, et couverts par l'épaulement
naturel formé de la terre des déblais. Les écluses
restent fermées; mais les madriers horizontaux
fixés contre les vannes pour le service des éclusiers
et les guindages, sont enlevés. Une pièce de quatre
défend les approches de l'écluse dite du Béarnais,

située entre l'embouchure et les Minimes; les trois autres écluses, qui constituent l'embouchure proprement dite, sont sous la protection immédiate de la maison et du hangard affectés à l'administration du canal. Trois cents hommes d'élite des 39e et 65e de ligne, défendent la double tête du pont Jumeau qui, élevée de plus de quatre toises sur la campagne, solidement construite en barricades renforcées de fortes pièces de bois plantées verticalement, et armée de quatre pièces, est susceptible de résister à une attaque régulière et vigoureuse. Le général de brigade Berlier joint au commandement de ce poste, celui de l'extrême gauche de notre ligne sur la rive droite de la Garonne.

A sept heures, les Anglais réunissent leurs masses dans le bois du Petit-Gragnagues, appelé aussi Bosquet-Raymond, que leurs adversaires viennent d'évacuer, et s'y forment en plusieurs colonnes d'attaque : l'une, de 5oo hommes, débouche par l'allée de gauche, et marche à l'assaut de la première tête qui fait face au nord. Ce mouvement est soutenu par le feu de plusieurs batteries : il retire surtout une protection efficace du canon établi auprès et au nord du moulin de Bourrasol que nous venons d'évacuer sur la rive gauche de la Garonne. Ce canon prendrait de revers les ouvrages de l'embouchure, si une forte traverse construite d'avance en arrière n'eût garanti de ses coups; mais il balaie tout ce qui se montre dans l'allée de Brien-

ne et le faubourg du même nom. Cependant les assaillants courent avec audace contre les palissades
de la tête du pont : arrêtés par cet obstacle, ils restent exposés à un feu de mousqueterie des plus
vifs. Toutefois leur ardeur n'est point ralentie par
ce contre-temps; et ils veulent encore, arrachant
les palissades, se jeter au pied de l'escarpe de l'ouvrage, et tenter de l'enlever de vive force. Un officier plus téméraire se glisse jusque sous l'arche du
pont, où quelques planches appuyées sur les deux
rives servent de retraite aux tirailleurs restés sur la
rive droite; mais il est renversé mort dans ce périlleux trajet. Par un de ces ingénieux expédients fa-
miliers aux soldats français, et que l'histoire ne
trouvera pas indigne d'être recueillis, les braves défenseurs de la tête du pont, à l'instant où l'ennemi,
par sa proximité d'un ouvrage qui a un certain commandement sur la campagne, peut se dérober à leur
feu, s'arment de cailloux que le dépavage du pont
a fournis en abondance, et achèvent avec ce nouveau genre de projectiles la défaite des assaillants.
Ceux-ci essuient encore dans leur retraite les décharges à mitraille de l'artillerie du poste, et re-
tournent, dans une déroute complète, au point
d'où ils étaient partis pour cette infructueuse ex-
pédition.

Trois attaques successives faites par de nouvelles
colonnes ennemies et avec aussi peu de succès que
la première, détournèrent à la fin sir Thomas Pic-

5

ton de s'obstiner, du moins pour le moment, à la prise d'un ouvrage défendu avec autant de bravoure; d'ailleurs la division légère du général Alten venait de recevoir l'ordre de quitter cette droite pour se porter, comme troupe de renfort, au centre de la ligne d'attaque. Cinquante Français de tout grade furent mis hors de combat dans les diverses attaques de la tête du pont, dont les défenseurs devaient encore y tenir, quelques heures après, la plus brillante conduite. L'ennemi éprouva dans ces premiers assauts une perte de 300 hommes, et eut à regretter celle du lieutenant-colonel anglais Forbes, qui dut à sa bravoure l'érection d'un mausolée encore aujourd'hui debout dans le bosquet Raymond, à peu de distance de l'endroit où il avait reçu le coup mortel.

La tête du pont des Minimes, gardée par des troupes du 36e de ligne, n'eut point à repousser, le 10 avril, d'attaque violente et directe : elle fut toutefois exposée, une partie de la journée, au feu de batteries anglaises établies sur les deux côtés de la route de Montauban. Cet ouvrage était, en quelque sorte, flanqué et rendu inabordable, en avant et à la gauche de cette même route, par l'immense bâtiment autrefois couvent des Minimes, crénelé et fortement occupé : l'ennemi fit des efforts pour s'emparer des maisons situées sur la route en face du couvent, afin de neutraliser le feu de ce bâtiment, et de cribler les défenseurs de la tête du pont; les Français, pour prévenir ces résultats dans l'attaque du lendemain, se décidèrent, vers dix heures du soir, à mettre le feu à ces habitations, au nombre de vingt-sept.

Tandis que sir Thomas Picton entrait en ligne, et était ensuite repoussé sur la partie inférieure du canal, le lieutenant-général don Manuel Frayre, commandant la quatrième armée espagnole, débouchait par le pont de Croix-Dorade, et prenait sa direction vers le mamelon de la Pujade, adjacent à la route d'Albi en face des ouvrages du nord. Ce point était occupé par quelques troupes du général Saint-Pol (division Villate); mais celui-ci, hors d'état d'engager une affaire, qui, par l'énorme disproportion des combattants, ne lui offre aucune chance favorable, fait replier sa troupe jusqu'aux lignes avancées au-dessous de la grande redoute: deux pièces jusque-là en station auprès de la Pujade, sur la route d'Albi, rentrent aussi dans la tête du pont de Matabiau, et servent à son armement. Les hauteurs de la Pujade, devenues libres, sont sur-le-champ occupées par les Espagnols : ils s'y forment en deux lignes et une réserve destinées à agir contre les ouvrages du nord, simultanément avec les troupes du maréchal Béresford, qui se dirigent sur notre droite dans le dessein de la tourner et d'enlever le plateau de Montaudran. L'attaque des Espagnols est soutenue par deux batteries portugaises du calibre de 18, établies sur ce même mamelon de la Pujade, et servies avec vigueur et promptitude ; la brigade de cavalerie allemande du major-général Pasomby forme aussi une réserve sur le revers en arrière de la position.

Entre huit et neuf heures, une de ces colonnes marche par la route d'Albi à l'attaque de la tête du pont de Matabiau; l'autre, ayant le général et son état-major en tête, se dirige vers les deux redoutes du nord (la grande, et la redoute triangulaire). Le feu de ces ouvrages, sur la colonne ennemie, devient dans ce moment de la plus grande activité; le général Tirlet donne même l'ordre à l'artillerie de la division Villate de descendre dans les lignes inférieures, afin d'obtenir un tir plus rasant, et par suite plus efficace. Toutefois, malgré la bonne contenance des troupes de cette division, les retranchements avancés qui font système avec les redoutes, assaillis par une nuée d'Espagnols, courent le risque d'être enlevés : ceux-ci sont déjà logés sous l'escarpement de ces ouvrages, et s'avancent en même temps en bon ordre pour tourner cette partie de notre ligne, quoique le canon de position, établi sur la vieille enceinte de la place, prenne dans ce moment part à l'action, et dirige au loin ses coups sur les têtes des colonnes ennemies en marche vers les redoutes.

Moins heureux dans l'attaque du pont de Matabiau, les Espagnols sont trompés par le silence prémédité de cet ouvrage, et s'y dirigent sans défian-

ce; quand tout à coup, reçus à bout portant par
un feu terrible de mousqueterie et d'artillerie, ils
s'arrêtent et chancellent. Le général en chef met
cette circonstance à profit : prenant lui-même l'offensive, il veut tomber sur le flanc gauche des Espagnols, et séparer leur corps d'armée en deux; la
rapidité de cette manœuvre est le garant de son
succès. Le général Darmagnac, dont quatre régiments ont été placés en réserve, cachés dans les
pépinières entre les tuileries et la route d'Albi, s'é-
lance tout à coup, à la tête des 51e et 75e de ligne,
sous les ordres immédiats du général Leseur, sur
l'ennemi, qui ne l'a pas encore aperçu; un bataill-
lon du 6e léger (division Darricau) débouche aussitôt de la tête du pont de Matabiau pour seconder
ce mouvement. Ces troupes attaquent à la baïonnette la gauche des Espagnols, et la culbutent.
Ceux-ci, battus de front par le feu des ouvrages,
sur leur flanc gauche par les bataillons dont l'exi-
stence vient seulement de leur être révélée, quittent leurs rangs, fuient en déroute, et laissent en
moins d'un quart d'heure 2,000 hommes hors de
combat sur le champ de bataille. Vivement pour-
suivis, quelques-uns vont se rallier auprès de l'artillerie portugaise sur la Pujade même; d'autres se
dirigent au hasard le long du canal, et courent à
une nouvelle déroute que leur fait essuyer le 31e
léger sous les murs du couvent des Minimes. Un
grand nombre enfin se précipite pêle-mêle dans le

vieux chemin de Périoles, situé au-dessous de l'escarpement des ouvrages, et qui serait devenu son tombeau, si l'arrivée du général Alten, accouru de la droite au secours des Espagnols, n'eût fait juger prudent au général Darmagnac de ramener à leur première place les troupes victorieuses.

Les opérations de l'armée française à Saint-Cyprien, à l'embouchure, au centre, ont été jusqu'ici couronnées du succès, et la journée vient de commencer sous les plus heureux auspices : un seul espoir reste à l'ennemi pour que sa défaite ne soit pas entière, celui de réussir dans l'attaque qu'il va entreprendre sur notre droite. L'honneur de ses armes dépend de cette opération ; les résultats de la campagne semblent également s'y rattacher : de même la défense de cette droite, bien dirigée, doit nous assurer une victoire complète; mais faire perdre, si elle échoue, le fruit de nos premiers succès.

La troisième colonne ennemie, formée des divisions Cole et Clinton, sous les ordres du maréchal Béresford, s'était formée à Croix-Dorade dès le point du jour. Elle se dirigea, après avoir passé le Lhers, sur le hameau de Mont-Blanc, d'où quelques troupes de la brigade Lamorandière (division Villate) reçurent ordre de se retirer à son approche, ainsi que du château de Nicole et des bosquets de Pychery. Nous vîmes bientôt cette colonne remonter la rive gauche du Lhers, dans le dessein de se porter contre notre droite, tandis qu'un corps nom-

breux de cavalerie, en suivant l'autre rive, devait
passer le pont de Montaudran, et tourner du même côté la butte de ce nom, et le plateau du Calvinet ou de Montrave, qui en est le prolongement.

Cette formidable colonne, estimée au premier
coup d'œil à 30,000 hommes, mais que des calculs
plus exacts ont portée à 20,000 combattants, la
plupart Écossais, l'élite de l'armée anglaise, chemi-
nait sur trois lignes dans le bas-fond entre le Lhers
et les hauteurs parallèlement à notre front, et exposée à un feu des plus violents du canon des ouvrages établis sur le plateau. Le terrain à traverser
aux environs de la Juncasse ou Campardon, inon-
dé tout récemment par les pluies, avait encore quelques points aquatiques ou marécageux : les éviter,
en s'éloignant de la direction prescrite, c'est retarder le moment de l'attaque, et perdre un temps précieux; se rapprocher des positions du Calvinet, c'est
se mettre à la merci de notre canon. Les Écossais
surmontent avec la plus courageuse obstination les
difficultés du terrain dans la route à poursuivre :
nous les voyons se précipiter dans les marais, y
cheminer couverts de boue, dans l'eau jusqu'à la
ceinture, et au milieu d'une grêle de boulets et d'o-
bus. La tête de cette colonne arrive à hauteur des
retranchements des Augustins, et montre l'intention de les menacer; mais quelques troupes débou-
chant de ces ouvrages, et placées en tirailleurs en
avant sous la protection du canon de la redoute,

forcent l'ennemi de continuer sa marche jusqu'à la route de Caraman, à hauteur et en face de cette autre redoute de l'extrême droite, connue sous le nom de Sypière (*). Cet ouvrage, destiné à obtenir, dans la journée du 10 avril, une déplorable célébrité, était d'une exécution peu soignée, et d'ailleurs dépourvu d'artillerie; mais l'escarpement du terrain rendait sa position forte et son accès difficile; le général Danture (division Harispe) y était enfermé avec un bataillon du 9e léger, et devait en diriger la défense.

Sir William Béresford venait enfin d'arriver avec la division Cole, tête de sa colonne, à hauteur du point jugé par lui le plus favorable pour tourner la droite de la position : toutefois ce mouvement parallèle à notre ligne, et exécuté sous le feu des batteries du plateau, avait donné à la gauche de l'ennemi une extension qui n'était pas sans danger. Béresford arrêtant ses troupes en face de la Sypière, se dispose à marcher contre cette redoute, sans attendre même que la division Clinton, qui le suit, soit arrivée sur le terrain à portée de lui prêter secours; cet excès de confiance et de

---

(*) La position de Sypière, appui de notre droite sur les hauteurs du Calvinet, ne doit pas être confondue avec le plateau du même nom adjacent à la route de Lombez, en face du quartier Saint-Cyprien, et occupé par le corps anglo-portugais du lieutenant-général Hill, sur la rive gauche de la Garonne.

promptitude peut avoir pour l'ennemi les plus funestes conséquences.

Cependant la division Taupin est rappelée en toute hâte des ouvrages du nord, vers lesquels le général en chef l'a dirigée à sept heures du matin, pour y prendre part aux opérations que tout annonçait devoir être les plus importantes sur ce point. Cette division n'a pas avec elle son artillerie; forcée d'ailleurs de traverser en colonne un terrain labouré, glaiseux et coupé de fossés, dans un trajet de près de 1,000 toises, elles se ressent un instant, arrivée sur le plateau entre les routes de Lavaur et de Caraman, de la précipitation qu'elle a mise pour se rendre au nouveau point où elle est appelée. Au demeurant, restée une demi-heure sur place avant d'agir, la division Taupin a eu le temps de se former à loisir, et de prendre son terrain.

Le maréchal Soult, qui ne voit en ligne que les troupes de Béresford, à peu près au nombre de 8,000 hommes, conçoit la possibilité d'attaquer immédiatement, de culbuter la tête de la colonne ennemie, et de la couper du reste de son corps d'armée, avant que celui-ci soit en mesure de la secourir. Il ordonne, en conséquence, au général Taupin de porter la brigade Rey, composée de quatre bataillons des 12ᵉ léger, 32ᵉ et 43ᵉ de ligne, à la droite de la redoute de Sypière, et de la tenir embusquée un peu au-dessous de la crête, vers la ville, pour agir au premier signal; tandis que la deuxième brigade, formée des 47°, 55° et 58°, commandée par le général Gasquet, secondée par le 21° de chasseurs à cheval, doit tomber sur le flanc droit de l'ennemi, au moment où celui-ci, gravissant l'escarpement, marchera sur l'ouvrage : cette dernière brigade débouchera, à cet effet, avec force par la route de Caraman, dont les retours favorisent la manœuvre prescrite. Six escadrons, aux ordres du général Berton, se porteront avec une égale rapidité sur le flanc gauche des coalisés pour y jeter le désordre.

Nul doute que cette portion de colonne ennemie, ainsi enveloppée, et que l'on estime forte de 8,000 hommes, ne tombe tout entière en notre pouvoir : point de secours à attendre pour elle du reste de l'armée, dont, par l'extension de sa gauche, elle est encore séparée par un terrain inégal, difficile et marécageux. « Les voilà! général Taupin, » s'écrie le maréchal Soult, qui juge avec son coup d'œil exercé combien la tête de la colonne ennemie s'est aventurée; « les voilà! je vous les livre, » ajoute-t-il d'un accent qui semble prophétique; « ils sont à nous! » dit-il à ceux qui l'entourent. « Ils sont à nous! » répètent les soldats avec le plus grand enthousiasme. Les escadrons de chasseurs qui doivent seconder le mouvement du général Gasquet sur la droite de l'ennemi, ceux de la même arme, destinés avec le général Berton à menacer sa gauche, partagent cet élan, et attendent avec la plus vive impatience l'instant de donner : jamais troupe n'a été animée de meilleures dispositions, ni de plus belles espérances.

La brigade Rey s'ébranle, conduite par le général Taupin en personne : mais par une de ces erreurs déplorables, dont l'histoire de nos dernières campagnes n'offre que trop d'exemples, Taupin, emporté par son ardeur et par l'espoir d'une si brillante réussite, et embrassant, à l'approche de l'ennemi, les ordres du général en chef avec moins de régularité et de calme, que de rapidité et d'élan; Taupin, au lieu de déployer la brigade Rey à la droite de la redoute, et d'attendre, défile par le terrain. L'ennemi, de pied ferme, s'avance à la rencontre de celui-ci, qui à la tête de la brigade encore ployée en colonne, le 12ᵉ léger en tête, se trouve bientôt, dans le même ordre, entre les Anglais et la redoute, qui est contrainte au silence, pour que son feu ne tombe pas sur nos propres rangs.

L'ennemi, qui voit avancer les Français au pas de charge, et ses flancs menacés par nos escadrons, éprouve en ce moment la plus vive inquiétude : il fait toutefois bonne contenance, et couvre sur-le-champ ses flancs par des carrés. La redoute est dépourvue d'artillerie, si nécessaire dans ce moment décisif pour foudroyer ces masses; celle de la division Taupin, destinée à défendre l'ouvrage, ayant été, dès le matin, laissée en position à côté des redoutes du nord, à 1,000 toises du point actuellement menacé. Il est vrai que sur l'ordre du général en chef, l'artillerie de la division Maransin venait d'arriver de Saint-Cyprien; et, placée sur la hauteur, devait en garder les approches. Mais gênée dans son champ de tir par les troupes imprudemment portées en avant, ses effets ne pouvaient plus avoir l'efficacité désirée. Ce contre-temps, le silence de la redoute, l'inquiétude jetée dans les rangs par la chute de quelques fusées à la Congrève lancées par l'ennemi, projectiles inconnus à la plupart de nos soldats, impriment aux troupes un premier mouvement d'hésitation, et leur ardeur n'est plus la même.

Cependant les Anglais, étonnés de ne pas voir se déployer et agir avec plus d'ensemble et de vigueur la masse de troupes qu'ils ont devant eux; rassurés, en outre, sur le degré de résistance de la redoute dont ils veulent s'emparer, passent tout à coup de l'inquiétude à l'espérance : au lieu de laisser les Français se déployer, l'ennemi se livre lui-même à une brusque offensive, et commence le feu avec toute la vigueur que le désir et l'espoir de la victoire peuvent lui donner. Dans nos rangs serrés en masse aucun coup n'est perdu; et nous ne pouvons opposer que le feu insuffisant du premier bataillon du 12e léger, tête de notre colonne : aussitôt les soldats des derniers rangs, qui voient tomber à droite et à gauche leurs camarades sans pouvoir venger leur perte, se livrent au plus funeste dé-

couragement. Le général Taupin veut rappeler la
confiance dans sa troupe, et la ranimer par son
exemple : on le voit en avant de sa première brigade, à l'endroit le plus périlleux ; mais victime
expiatoire de la faute commise, il tombe blessé à
mort. Dès ce moment la brigade Rey chancelle; la
colonne anglaise s'avance; la nôtre se replie sur la
redoute. Le bataillon qui garde cet ouvrage hésite
à son tour; nul motif toutefois ne rend alors sa position désespérée : l'ennemi n'y dirige point d'attaque, et n'a pu encore faire entrer en ligne son artillerie. Une déplorable faiblesse, impossible à prévoir, s'empare néanmoins des troupes qui défendent la Sypière. Au moment où la division Taupin
repoussée arrive sur l'ouvrage, ce poste est aban-
donné; l'ennemi s'y précipite, et cette importante
position ne lui coûte que de légers sacrifices.

Cette perte irréparable fut pour nous un coup
de foudre, et nous refusions de croire à un mal-
heur trop réel : il fallut donc voir tout à coup s'é-
vanouir nos espérances, et abandonner la perspective d'une victoire qui semblait assurée. Ce sacrifice, aussi cruel qu'inattendu, causa à toute l'armée les regrets les plus amers. Le général en chef,
comme nous, ne put intérieurement se défendre
du plus violent désespoir. Évitant toutefois de rien
manifester qui pût décourager la troupe, il fut maître de lui-même; et, calme au milieu de cette déplorable catastrophe, il semblait deviner que cette

journée n'en serait pas moins une des plus glo-
rieuses de sa carrière militaire.

La brigade Rey descend des hauteurs de Sypière,
et se porte par un mouvement rapide et même con-
fus de retraite, sur les maisons Saccarin et Cambon, en avant de Guillemery; la brigade Gasquet
est obligée d'exécuter un semblable mouvement sans
avoir presque été engagée. Le général Soult soutient
la retraite avec sa cavalerie légère, et couvre les approches du pont de Montaudran ou des Demoiselles. L'artillerie de la division Taupin arrive dans
ce moment : placée le matin par le général Tirlet,
d'après les ordres du général en chef lui-même, à
côté de la grande redoute, cette artillerie a continué d'agir sur ce point. L'officier qui la dirige, ne
recevant pas d'ordre au moment où les troupes de
Béresford, après avoir défilé sous son feu, se prolongent vers la Sypière, prend sur lui de retourner
à sa division pour contribuer à la défense de la redoute de ce nom. Toutefois cet officier, malgré toute la diligence qu'il met à franchir avec sa batterie
les 1,000 toises d'intervalle qui la séparent de la
droite, ralenti dans sa marche par ses pertes en
hommes et en chevaux, et par la difficulté d'agir
sur le chemin recouvert en madriers, ne peut atteindre la division Taupin qu'à l'instant de sa retraite : mais cet officier se dirige spontanément, et
avec la plus grande rapidité, vers le plateau à droite de la maison Saint-Raymond ou Saccarin : qua-

tre pièces, mises en batterie sur ce point avantageux, commencent le feu, et remplissent le double but de servir de centre de ralliement à notre infanterie, et d'arrêter les progrès de l'ennemi.

Avant de passer au deuxième période de la bataille, cherchons les conséquences probables de la journée du 10 avril, en accordant à la manœuvre ordonnée par le général en chef la réussite qu'elle semblait devoir obtenir, c'est-à-dire de repousser l'ennemi dans l'attaque de notre droite.

Le lieutenant-général Reille était inexpugnable derrière ses retranchements, dans l'enceinte du quartier de Saint-Cyprien; les projets des Anglais contre les têtes des ponts de l'Embouchure et des Minimes avaient échoué. La quatrième armée espagnole, commandée par le général Frayre, avait été mise dans une déroute complète : enfin la manœuvre décisive, ordonnée par le général en chef à la Sypière, couronnée du succès, devait nous livrer une portion du corps d'armée de Béresford, évaluée à 8,000 hommes. Est-il présumable, en cet état de choses, que lord Wellington, repoussé sur tous les points, se fût hasardé à renouveler ses tentatives avec des troupes affaiblies par les pertes de la journée, découragées par les mauvais succès des premières opérations, et pleines de défiance sur les résultats d'une deuxième attaque? Un général, dont les vertus philanthropiques ont trouvé de si éloquents panégyristes, instruit sans nul doute de la reddition

de Paris, et peut-être même des événements postérieurs à la prise de cette capitale, n'aurait eu garde, suivant toutes les apparences, d'acheter par de
nouveaux sacrifices la conquête d'une ville, dont la
possession ne devait être que d'un médiocre poids
dans la balance politique, et qu'il eût fallu arracher
à une poignée d'hommes tous décidés, si la gravité des circonstances l'avait fait juger nécessaire, à
s'enterrer sous les ruines de Toulouse.

Accorder au général anglais l'intention, après a-
voir échoué le 10 avril, de se maintenir sur la rive
droite de la Garonne, en admettant que l'armée
française, devenue encore plus entreprenante par le
succès, n'eût pas refoulé les coalisés sur l'autre rive, est une supposition susceptible d'un examen
particulier : aucun avantage réel n'était d'abord acquis à l'armée ennemie par sa présence précaire,
et sans point d'appui à l'est de Toulouse ; les communications de la rive droite à la rive gauche du
fleuve restaient, dans ce cas, entièrement incertai-
nes, et les coalisés étaient exposés à voir se renouveler les accidents qui, le 5 avril, les avaient jetés dans
de si vives inquiétudes. Les points occupés par l'ennemi dans les départements en arrière de la ligne, se
seraient trouvés en outre abandonnés à eux-mêmes ;
et certes, la présence de quelques détachements dis-
séminés dans la vaste étendue de pays entre Bayonne, Bordeaux et Toulouse, n'était nullement faite
pour contenir la population belliqueuse du pied des

Pyrénéés, à qui les non-succès de l'armée ennemie devant Toulouse auraient servi de signal pour prendre les armes, et faire main basse sur les étrangers. D'aussi puissants motifs, connus et appréciés par lord Wellington, lui eussent démontré la nécessité (d'après l'avis d'un grand nombre de militaires) de repasser la Garonne après l'échec du 10 avril, de s'éloigner de Toulouse, et de retourner vers sa base d'opérations sur les Pyrénées, pour prévenir le sort que, dans le cas de défaite, préparaient aux alliés les redoutables habitants de ces montagnes.

D'aussi éclatants succès eussent donc été assurés, si les Français, jusqu'alors victorieux sur les autres points de la ligne, étaient restés, à la droite, inébranlables dans leur position du Calvinet. L'ardeur imprudente du général Taupin, sa mort déplorable, telles sont les causes qui, suivant l'opinion générale, firent dans ce moment échapper la victoire de nos mains. Ah! sans l'excès d'entraînement de ce général, sans le coup malheureux qui l'enleva à sa division, à l'instant peut-être où, réparant une première faute, il eût par sa ferme contenance rétabli les chances du combat; quels succès ne pas se promettre avec une troupe fraîche, composée de régiments choisis, sous les ordres de chefs d'une aussi rare intrépidité, et dans une opération où l'ennemi, à la suite d'un mouvement hardi, mais trop étendu, s'isolant de tout secours, semblait avoir couru lui-même à une inévitable dé-

6

faite! Tout, du reste, n'aurait point été désespéré sur cette droite, si le bataillon renfermé dans la redoute, bien pénétré des avantages que donnent des retranchements à leurs défenseurs, ne s'était point livré aux craintes blâmables et prématurées qui entraînèrent la chute de l'ouvrage.

Avant d'abandonner un sujet si propre à de longs et tristes commentaires, je déposerai le tribut de l'amitié sur la tombe du général Taupin. La nature lui avait peut-être refusé l'égalité de caractère, l'affabilité qui assure au chef le cœur et la confiance du soldat; mais il rachetait la rudesse de ses formes par une bravoure à toute épreuve : plus soldat que général, son poste habituel, en chargeant l'ennemi, était au premier rang, et au dernier s'il fallait battre en retraite. Une légère teinte de présomption et de hauteur lui fut reprochée durant sa vie, et sa mort ne put le mettre à l'abri d'une critique amère : mais n'a-t-il pas lavé sa dernière faute, si un excès d'ardeur peut rendre coupable, par sa fin digne d'un brave; et le reproche ne doit-il pas expirer sur son tombeau?

Les desseins de l'ennemi sur la droite de notre ligne venaient d'être remplis; l'abandon forcé de la redoute de Sypière, et la retraite de la division Taupin, avaient mis les coalisés en possession de la partie sud des hauteurs de Montrave; Toulouse se présentait au-dessous et en face d'eux dans toute son étendue : l'espoir d'y pénétrer après quel-

ques heures d'un nouveau combat, dut même un
instant leur paraître fondé; toutefois, que de sacrifices il restait encore à faire à l'ennemi pour parvenir seulement à s'emparer des ouvrages que nous
tenions encore sur le prolongement des mêmes
hauteurs, et dont l'attaque allait lui coûter l'élite
de son armée (3)!

Les troupes du maréchal Béresford arrêtées,
d'après ce qui précède, dans leurs premières opérations contre les faubourgs Guillemery et Saint-
Étienne par les pièces établies à gauche de la maison Saccarin, avaient remonté la hauteur et pris
position en avant de la Sypière, sur les côtés et
dans l'intérieur de cette redoute : un certain intervalle de temps fut employé par Béresford pour opérer la réunion de toutes ses forces sur le plateau, et
attendre l'arrivée de son artillerie, que le mauvais
état des chemins et la difficulté des communications le long des rives du Lhers, avaient forcé de
laisser en arrière à Montblanc. D'ailleurs les opérations ultérieures de la colonne ennemie devaient
coïncider avec les nouvelles tentatives ordonnées
au lieutenant-général don Manuel Frayre contre
les ouvrages du nord; et deux heures avaient été
employées par celui-ci pour rallier la quatrième
armée espagnole, et pouvoir la ramener au combat. La réunion des troupes sur le plateau de Sypière, et l'arrivée de l'artillerie, deviennent pour sir
William Béresford le signal de se remettre en mou-

vement. Il arme sur-le-champ la redoute, et divise
ses forces en deux colonnes : la première se prolonge sur le plateau, et marche à l'attaque des Augustins et du Colombier; la deuxième est destinée
à continuer ses opérations contre notre flanc droit,
et par un mouvement oblique par sa gauche, à descendre rapidement sur le pont des Demoiselles. La
possession de ce passage, alors l'un des points les
plus importants de la ligne, allait décider de la
journée : ce débouché, en effet, une fois au pouvoir de l'ennemi, celui-ci s'emparait sans plus
trouver d'obstacle de la route du Bas-Languedoc,
la seule par où notre retraite pouvait être effectuée : l'armée française se serait alors trouvée cer-
née dans Toulouse, où, malgré les dispositions du
général en chef, et la belle conduite de la troupe
dans la journée, notre perte était inévitable.

L'ennemi, pénétré des avantages incalculables
que lui assurait la possession du pont des Demoiselles, avait déjà, dans la matinée, poussé une forte
reconnaissance sur les ouvrages qui défendaient ce
passage du canal : à huit heures, la tête de colonne de la cavalerie ennemie qui, sous les ordres de sir
Sapleton Cotton, venait de remonter le Lhers par
la rive gauche, arrivée à Montaudran et traversant
la rivière sur le pont de ce nom (il n'a pu, d'après
ce qui précède, être coupé la veille par les Français), avait franchi la butte de Montaudran, prolongement des hauteurs du Calvinet. Cette avant-

garde descendue par le chemin neuf de ce village à Toulouse, s'était ensuite avancée sur le pont des Demoiselles, au moment où les opérations les plus importantes appelant la majeure partie de nos forces et le général en chef aux ouvrages du nord, notre attention ne peut être fixée sur le nouveau point menacé. La colonne attaquante, composée presque toute de cavalerie, avait déjà fait replier quelques escadrons français placés en observation à Montaudran. Ceux-ci, arrivés sur le revers de la butte qui fait face à Toulouse, s'étaient rapprochés du pont des Demoiselles, et placés sous la protection de l'ouvrage qui l'entourait. Cette tête, d'un développement assez considérable, avait des points de discontinuité : toutefois une pépinière de haies vives, une tranchée pratiquée dans le champ à droite, mises habilement à profit, rendaient ce poste susceptible d'une bonne défense. Il était armé de quatre pièces qui, à l'époque de la journée que nous retraçons, repoussèrent les tirailleurs ennemis descendus sur l'ouvrage, et les forcèrent, par un feu d'artillerie bien dirigé, à rejoindre les masses que sir William Béresford allait, après la prise de la Sypière, réunir sur le plateau.

Les nouvelles tentatives des coalisés sur le pont des Demoiselles, ou plutôt contre toute la partie inférieure du canal, lorsque ce maréchal eut organisé ses colonnes, devinrent plus sérieuses. Mais la vigueur de l'attaque fut promptement amortie, malgré les efforts de l'ennemi pour s'assurer l'avantage de la journée par la réussite de ce nouveau mouvement. Le canon des Demoiselles, et les pièces établies à gauche de la maison Saccarin, croisaient dans ce moment leur feu avec une nouvelle batterie placée en avant de Cambon. Cette artillerie appartenait à la division Maransin, et avait été demandée, d'après ce qui précède, par le général en chef pour soutenir la division Taupin dans la défense de notre extrême droite. Le même ordre avait prescrit au lieutenant-général Reille de diriger sur les ouvrages, en avant de Guillemery, la brigade Rouget. Arrivée sur le terrain, celle-ci devait servir de réserve aux troupes du général Taupin. Elle était, au moment qui nous occupe, placée sur la même ligne que son artillerie, et la couvrait par des tirailleurs jetés dans les chemins creux qui, à droite, conduisent sur le plateau de Montaudran. Tout ce canon, depuis Saccarin jusqu'au pont des Demoiselles, déployant la plus grande énergie de feu, balaie le terrain compris entre le chemin de Lavaur et la route neuve de Montaudran, et force l'ennemi à suspendre sa marche. Les pièces placées par celui-ci dans la redoute de Sypière, et sur les côtés de cet ouvrage, s'étaient aussi sans délai mises en action. La canonnade devint très-vive, et se prolongea dans la soirée sur cette droite de notre ligne : toutefois les batteries ennemies de Sypière, écrasées par les nôtres, se turent après quatre heures successives du feu le plus violent. Les tentatives des Anglais pour se précipiter de l'embranchement des routes de Lavaur et de Caraman sur Guilleme-ry, furent repoussées avec le même avantage : les approches de ce faubourg étaient défendus par la brigade Leseur (division Darmagnac), qui, après la défaite des Espagnols, venait d'être conduite sur ce nouveau terrain par son général divisionnaire, destiné à répandre dans ce jour un nouveau lustre sur une réputation militaire déjà assise sur vingt-cinq ans d'honorables services. La division Taupin, dont le général Travot venait de prendre le commandement, couvrait de même les habitations de Guillemery et la partie inférieure du canal, placée sur la butte et dans les retranchements à l'entour de la maison Cambon; elle occupait aussi les fermes en avant du faubourg, sur la route pavée de Montaudran. La bonne contenance des régiments de la division durant cette demi-journée, prouva, du reste, que malgré le revers essuyé le matin à la Sypière, le dévouement et l'intrépidité de ces troupes étaient restés les mêmes.

Cependant le lieutenant-général Frayre, jaloux de réparer par quelques succès les pertes désastreuses déjà éprouvées dans la quatrième armée espagnole, était enfin parvenu à rallier sa troupe sur le mamelon de la Pujade, toujours protégé par l'artillerie portugaise. Ce général dirigea une deuxième fois ses Espagnols contre la grande redoute, et les

ouvrages inférieurs défendus par des détachements
de la division Villate. L'attaque fut vigoureuse,
mais encore sans succès : le canon des retranchements, servi avec adresse et promptitude, secondé
par des feux de mousqueterie exécutés avec calme et précision, arrête les Espagnols, et complète
un instant après leur déroute. La funeste résolution de ces étrangers, ou plutôt une opiniâtreté in-
tempestive, les entraîne à tenter de nouveau la fortune, jusque-là si contraire : mais le sort, encore
inexorable, mit, après une troisième défaite, les
débris de cette quatrième armée espagnole hors
d'état de renouveler d'inutiles et déplorables tentatives. Le régiment de Cantabria, sous les ordres
du colonel Sicilio, se maintint cependant dans
le vieux chemin de Périoles, caché par l'escarpement des lignes avancées : mais obligé, d'après l'ordre des chefs, d'abandonner cet abri, ce régiment
essuya encore durant sa retraite les feux meurtriers
des ouvrages supérieurs.

Les Espagnols trouvent des imitateurs à l'embouchure du canal : le lieutenant-général Picton aper-
çoit les troupes de sa nation couronner le plateau
de Sypière; il suppose l'armée française découra-
gée, et le moment lui paraît propice pour renouveler ses tentatives contre la double tête de l'embouchure. Aux premières démonstrations de l'ennemi, le général Berrier fait part de sa position au
général Darricau, alors au pont des Minimes, et

réclame du renfort; mais ayant bientôt reçu l'avis par le colonel Hugo, chef d'état-major de la division, que nul secours ne peut être envoyé, Berrier s'était sur-le-champ préparé à soutenir l'assaut. Les Anglais débouchent, en effet, vers deux heures de l'après-midi du bosquet Raymond, et comme le matin, courent aux palissades de la tête du pont, tandis que d'autres assaillants cherchent à y pénétrer par des coupures latérales ménagées pour la retraite des avant-postes français. Mais le feu de nos tirailleurs, descendus dans le fossé et défilés par les palis, et les décharges de l'artillerie de l'ouvrage, combinées avec celles de l'infanterie qui le défend, arrêtent l'ennemi sur les glacis, et complètent un instant après sa déroute. Le général Berrier fut mis hors de combat dans ce glorieux engagement; et l'ouvrage, avec l'extrême gauche de la ligne sur la rive droite de la Garonne, passa aux ordres du général Fririon. L'ennemi, qui avait laissé les glacis et les environs des retranchements couverts de ses morts et de ses blessés, demanda, à six heures du soir, une suspension d'armes d'une heure pour les enlever : elle lui est accordée; il trouve même des aides dans les propres défenseurs des ouvrages, et nos soldats se prêtent avec empressement à cet acte généreux.

A la portion inférieure du canal, qui constituent l'Embouchure proprement dite, une fusillade non interrompue, partant de chaque rive opposée, oc-

casiona des deux côtés des pertes considérables.
Les Français occupaient le hangard et le logement
de l'administration, l'un et l'autre crénelés; mais
ils étaient contenus et gênés par le feu de l'au-
berge en face, sur la rive droite du canal : un
commencement d'incendie avait consumé, dans
la matinée, une partie de cet établissement; et l'a-
bri que l'ennemi retira de ce que la flamme avait
épargné, servit à justifier la dure extrémité qui fut
prise.

La première colonne des troupes réunies par Béresford autour de la Sypière, devait, d'après ce qui
a été dit, marcher, par sa droite, sur les ouvrages
qui entouraient les Augustins et le Colombier, liés
eux-mêmes par une ligne fortifiée avec les retranchements du nord. Des détachements de la division Harispe défendaient cette partie de la position
qui, située dans le prolongement du plateau, dont
la droite appartenait à l'ennemi, était vue dans sa
longueur, et contre-battue par les batteries anglaises établies à la Sypière. Des tirailleurs cachés par
des accidents de terrain, entre les routes de Caraman et de Lavaur, s'avançaient aussi impunément
le long de la crête extérieure du plateau, jusqu'à
la hauteur et en face des Augustins : ainsi abrités,
ils fusillaient les défenseurs de la redoute. Ce voi-
sinage dangereux entravait surtout le service de notre canon, qui, pour produire de meilleurs effets,
avait été mis en batterie en dehors et sur le flanc

droit de l'ouvrage, perpendiculairement à la première ligne de bataille.

Pendant cette marche de l'ennemi sur le plateau du Calvinet, et contre les deux redoutes du centre, les Écossais méditaient une importante diversion, et insultaient de front les retranchements inférieurs qui liaient les ouvrages principaux. La présence de ces Écossais en dessous des escarpements pour couper notre ligne à la droite de la grande redoute, donna lieu à un engagement meurtrier : deux compagnies du 115ᵉ de ligne s'y couvrirent de gloire, et arrêtèrent, au point dit Terre-Cabade, l'ennemi bien supérieur en nombre, et lui firent éprouver dans cette occasion une perte de 600 hommes. Toutefois les coalisés détachés de la première colonne pour faire l'attaque des Augustins et du Colombier, étaient parvenus, en suivant le revers de la hauteur en face du Lhers, à s'établir derrière le premier de ces ouvrages. Ils marchent sans délai contre cette redoute qui, dégarnie de son artillerie, placée en arrière en rase campagne, a été d'ailleurs abandonnée par ses défenseurs, troupe de nouvelle levée et sans expérience. Cette possession n'est pas de longue durée : des détachements du 115ᵉ se précipitent sur les Augustins, et en expulsent l'ennemi à la baïonnette. Contraints eux-mêmes de céder à des forces supérieures, ces intrépides Français se replient en bon ordre sur le Colombier : renforcés là par de vieilles troupes des 34ᵉ et 81ᵉ de ligne, ils

s'avancent avec un nouvel élan contre les Augustins, et s'emparent une deuxième fois de cet ouvrage, dont les défenseurs, après la plus vive résistance, meurent tous à leurs postes.

Ces importantes opérations étaient dirigées avec
la bravoure et les hautes qualités militaires qui dis-
tinguent le général Harispe. Il ne put, toutefois,
prendre part plus long-temps aux succès de sa
troupe : blessé d'un biscayen au pied, il quitta le
champ de bataille vers trois heures, ainsi que le général de brigade Baurot (même division), qui venait de perdre une jambe emportée d'un boulet.

Les régiments, privés de leurs généraux et assaillis par des troupes fraîches et trop nombreuses, reçoivent ordre d'abandonner les redoutes des
Augustins et du Colombier, qui venaient de servir
de théâtre à leur brillante valeur : une partie se replie avec calme et lenteur sur les maisons crénelées
et les batteries en avant du canal, entre Matabiau
et Guillemery; l'autre, en retraite sur la grande redoute, prend une ligne transversale en arrière du
pigeonnier de Caravène, et se maintient encore
une heure et demie dans cette position, quoique
battue par l'artillerie anglaise établie dans les Augustins. Le canon de la grande redoute, situé plus
tard en dehors de cet ouvrage, et dirigé par le chef
de bataillon Morlaincourt, répondait avec vigueur
à celui de l'ennemi : mais nos canonniers étaient
criblés par ses tirailleurs; car ceux-ci, après l'éva-

cuation des lignes avancées et des Augustins, pouvaient poursuivre impunément leur marche vers la
grande redoute, toujours couverte par les replis du
terrain environnant.

L'ennemi semble se multiplier à chaque instant,
partout il nous oppose des forces triples; et dans
cette lutte si inégale, nous avons encore le désavantage de positions dominées et battues de toutes parts. Une impérieuse nécessité nous force enfin de céder au nombre, et d'abandonner entièrement, mais avec le plus grand ordre, la première ligne des ouvrages. Le chef de bataillon Guerrier, du
45ᵉ de ligne, par une opiniâtreté peut-être intempes-
tive, mais digne d'éloges, avait pris la résolution gé-
néreuse de se maintenir jusqu'à la dernière extrémité
dans la redoute triangulaire du nord. Ce brave officier supérieur reçut, dans l'intérieur de la redoute
même, de vifs témoignages de satisfaction du général en chef, qui s'y était porté en personne pour lui
ordonner de retirer de l'ouvrage le petit nombre de
défenseurs encore debout. L'artillerie de la redoute, dont tous les chevaux étaient tués, courait risque de tomber au pouvoir de l'ennemi : cependant,
par une persévérance qui fait honneur aux artilleurs de la division Villate, aucune pièce ne fut
perdue.

Au milieu des opérations qui précèdent, l'artillerie de position, établie sur le rempart de la ville,
battait le flanc gauche de la grande redoute et la

route d'Albi : elle en chassa, vers quatre heures, la
cavalerie ennemie qui s'y était montrée pour in-
quiéter les troupes des divisions Harispe et Villate
dans leur retraite. Des mortiers, en batterie sur les
remparts à l'est, envoyaient aussi leurs projectiles
jusque dans les ouvrages du centre, et jetaient du
désordre dans les pelotons ennemis qui venaient de
s'y renfermer. Depuis le deuxième période de la
bataille à midi, jusqu'à quatre heures du soir, le
feu de la mousqueterie et du canon ne cessa pas
un instant : et si l'on considère que l'occupation de
la redoute de droite rendait pour la valeur les positions de l'ennemi égales aux nôtres; que la chute
successive des points de notre ligne améliorait sans
cesse ceux occupés par lui; qu'il eut enfin sur nous,
durant toute la bataille, l'avantage d'un nombre tri-
ple : combien paraîtra encore glorieuse la conduite
de l'armée française pendant la demi-journée du 10
avril! Aussi meurtrière, mais plus effrayante que le
matin, l'action, depuis midi, se passait sous les
yeux des habitants qui, du haut de leurs maisons
ébranlées par la détonation non interrompue du
canon des deux partis, voyaient un horizon de feu
autour d'eux, et assistaient pour la première fois à
de pareilles scènes.

Il était quatre heures du soir quand le lieutenant-général Clausel reçut du maréchal l'ordre de
faire replier les régiments des divisions Harispe et
Villate, et d'abandonner définitivement la premiè-

re ligne des ouvrages. Le canal des Deux-Mers servit de deuxième ligne à l'armée française : le géné-
néral Darricau s'étendit, comme le matin, depuis
l'embouchure jusqu'à Matabiau; à sa droite, les
divisions Harispe et Villate occupaient les fermes et
les tuileries, d'avance crénelées ou couvertes d'é-
paulements, jusqu'à l'habitation Cambon, au-dessus de Guillemery; entre ces deux divisions, la brigade Leseur, et la brigade Rouget, arrivée déjà avant
midi de Saint-Cyprien, gardaient l'entrée du faubourg de ce nom, et les retranchements des maisons Cambon et Saccarin; enfin la quatrième division, sous les ordres du général Travot, se prolongeait à droite de la maison Trinchant, sur la route
pavée de Montaudran, tenant les fermes adjacentes
à cette route jusqu'à celle dite Courège, vers la Sypière, et descendait jusqu'au pont des Demoiselles, dont elle défendait les approches. A trois heures, le parc central d'artillerie, resté sur l'esplana-
de entre les portes Saint-Étienne et Montaulieu,
rentra dans la ville, et fut rangé sur la place dite
des Carmes : ce mouvement, que le général Tirlet
enjoignit d'exécuter au colonel directeur Bruyer,
fut provoqué par la chute de quelques projectiles
égarés, partis des batteries ennemis de la Sypière,
qui, dépassant notre ligne et le canal, étaient tom-
bés sur la promenade du Grand-Rond, et même
dans quelques points de l'intérieur de Toulouse.

L'abandon des derniers ouvrages du nord laissa

les coalisés y pénétrer sans obstacle : ceux-ci con-
nurent alors l'énormité des sacrifices que cette possession avait coûtés, et restèrent frappés d'horreur
à la vue de la quantité de leurs morts répandus sur
les glacis et dans les fossés des redoutes. Il deve-
nait, du reste, incertain si, de quatre heures du
soir à la nuit, il serait tenté un dernier effort contre nos positions du canal des Deux-Mers et le
pont des Demoiselles : une forte colonne, entièrement composée de troupes britanniques, alors stationnée en face de la division Travot, pouvait donner des inquiétudes à cet égard. Toutefois l'artillerie anglaise, en batterie à la Sypière, gardait depuis
près d'une heure un silence absolu, et les troupes
des deux partis semblaient aussi être d'accord pour
se livrer au repos, lorsqu'un petit nombre de soldats du 43e (division Travot), malgré l'ordre posi-
tif de leur chef, recommencent sans aucun motif
une insignifiante fusillade. Cette agression intem-
pestive réveille l'ennemi, qui détache sur-le-champ
de sa ligne une nuée de tirailleurs. Le feu de mousqueterie reprend dès ce moment de la vigueur; et
le canon de la division, en batterie à droite de la
route pavée de Montaudran et de l'habitation Trinchant, se remet en action : mais ce tiraillement,
qui se prolonge jusqu'à la nuit, et s'étend vers le
pont des Demoiselles, n'a d'autres résultats que
d'entraîner des deux côtés des pertes aussi gratui-
tes que déplorables.

La ville présentait dans cette journée un spectacle des plus effrayants : ses citoyens, épouvantés dès les premiers coups de canon, se cachèrent au fond de leurs maisons, dont les portes restèrent fermées; les femmes, que la solennité du jour avait appelées dans les églises, ne se croyant pas en sûreté même dans ces asiles de paix, regagnaient en toute hâte leurs demeures, qu'elles remplissaient de tristes lamentations.

Les rues ne sont bientôt peuplées que de blessés, se traînant avec peine vers les hôpitaux et les ambulances établies sur les places, et réclamant avec instance l'opération douloureuse du premier pansement. Ceux qui les portent, ou qui leur servent de guides, ont la terreur peinte sur le visage. La crainte, l'anxiété, redoublent dans la ville à chaque minute, autant à l'aspect du présent que par l'incertitude de l'avenir. Toutefois quand les habitants, remis de la première frayeur, se hasardent à donner à la curiosité un temps que l'appréhension a jusque-là rempli, ils accourent dans les rues et sur les places; plusieurs se portent sur le rempart; un petit nombre même va explorer le champ de bataille. Mais la majeure partie, spectatrice muette, perchée sur les toits et les clochers, attend avec impatience l'issue de cette effrayante lutte.

Au moment où les coalisés, maîtres de la redoute de Sypière, commencent à se montrer sur les traces de la division Taupin, à ce moment se

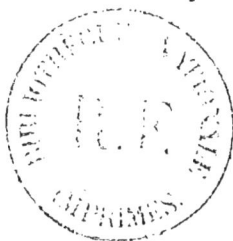

7

manifestent les sentiments jusqu'alors muets et con-
centrés d'une portion d'habitants que leurs vues et
leur caractère appelaient au-devant des alliés. Dès
le matin ils frémissaient déjà d'impatience ; mais
quand les Anglais, jusque-là enfoncés dans le vallon
du Lhers, parurent sur les hauteurs de Sypière, ces
indignes Français poussèrent un cri de joie, et l'on
put lire sur leurs visages le triomphe de l'ennemi.
Ah! sans doute la postérité se refusera à croire que
des Français aient abjuré tout sentiment d'honneur
national, jusqu'à souhaiter de voir l'étranger victorieux au sein même de la France, et ses lauriers
teints du sang de leurs concitoyens : mais (la vérité
le réclame dans l'intérêt des Toulousains) cette
conduite déplorable ne fut celle que d'un très-petit
nombre.

  La garde urbaine, conduite par ses officiers choisis dans l'élite du commerce, de la propriété et du
barreau, déploie dans son service, durant toute la
journée, la plus infatigable activité : partie entre-
tient le bon ordre dans l'intérieur de la ville; partie, placée aux portes, reçoit les militaires blessés
des mains de leurs camarades, auxquels l'entrée de
Toulouse est interdite : elle empêche de la sorte
que le soldat, s'écartant de ses rangs, ne vienne
sans motif se répandre dans la ville, et peut-être
y commettre quelque désordre. Tout prétexte, même celui de prodiguer les soins de l'humanité à ses
frères d'armes blessés, lui est ôté par la garde ur-

baine, qui, veillant elle-même aux soins dus aux
braves militaires hors de combat, contribue ainsi
à ramener au feu tous ceux dont le poste est sur
le champ de bataille. Le service du transport des
blessés se fait par les habitants de toute classe qui,
de gré ou de force, sont requis de remplir ce devoir:
des patrouilles d'urbains parcourent en conséquence la ville, montent sur les clochers et les toits, et
requièrent indistinctement tous les habitants susceptibles de rendre quelque service.

Cette journée mémorable nous retrace des actes
de sensibilité et de dévouement que l'historien se
plaît à raconter, pour faire un instant diversion
aux tristes scènes qui l'occupent : ici des hommes,
que des intérêts depuis long-temps froissés éloi-
gnaient de faire cause commune avec l'armée,
consentent au sacrifice volontaire et spontané de
leur système en faveur de l'humanité; ici, l'on voit
les dames de la ville se disputer des blessés pour
les panser; plus loin, des femmes du monde et du
théâtre briguent l'honneur de les recueillir dans
leurs maisons; des prêtres les portent dans leurs
bras; d'autres ecclésiastiques courent dans les hôpitaux apporter des paroles de consolation aux
blessés, ou remplir auprès d'eux les augustes fonctions de leur saint ministère.

La nuit vient mettre enfin un terme à ces différentes scènes, et jamais nuit n'a été si ardem-
ment désirée. La fusillade, qui s'était prolongée sur

la route de Montaudran jusqu'au coucher du soleil, devenue peu à peu moins vive, finit par s'éteindre, et le silence règne sur toute la ligne. Une partie des troupes bivouaque dans la position même où elle s'était trouvée à l'entrée de la nuit; l'autre est établie dans les faubourgs Guillemery et Saint-Étienne, avec autant d'ordre que la circonstance pouvait le permettre.

L'intérieur de Toulouse était tranquille; le calme religieux de cette nuit offrait le contraste le plus frappant avec l'agitation et le tumulte de la journée qui l'avait précédée : ce silence n'est interrompu de moment en moment que par l'aller et le retour de caissons et de voitures qui, vidés pendant l'action, vont charger à l'arsenal, et ramènent dans les parcs le remplacement des munitions consommées; ou par les corvées de chaque régiment qui se rendent sans bruit aux distributions de vivres, et les apportent au bivouac.

Les blessés étaient tous en lieu de sûreté : la plupart recevaient dans les hôpitaux des soins que la multitude de ceux qui les réclamaient rendait sans doute moins efficaces; un très-grand nombre, recueilli chez les habitants, et, chose digne de remarque, surtout par la classe peu fortunée, grâces à l'humanité des Toulousains, revenaient à la vie qu'ils eussent peut-être perdue sans cette abondance de soins généreux. Le général en chef avait enfin pourvu à l'évacuation des militaires mis hors

de combat au commencement de l'action, en les
dirigeant dans la journée sur Castelnaudary, par la
navigation du canal.

Des détachements de garde urbaine parcourent
la ville sans bruit; et dirigés dans tous les sens, en-
tretiennent le bon ordre, dissipent les attroupe-
ments, et forcent de rentrer au bivouac les soldats
qui l'avaient quitté sans motif. Les rues et les places restèrent de la sorte dégagées, et un calme par-
fait fut entretenu à l'extérieur. Mais l'habitant, rentré dans son domicile, entouré de sa famille con-
sternée, était loin de retrouver la tranquillité : rendu à lui-même, rien ne l'empêchait de mesurer
l'horreur de sa situation. Le spectacle dont il avait
été témoin se présentait à son esprit; l'épouvanta-
ble fracas de l'artillerie des deux armées retentis-
sait encore à ses oreilles; le passé lui laissait entrevoir la perspective déplorable de la journée du lendemain, dans laquelle, le danger s'étant rapproché,
des scènes semblables à celles de la veille devaient
être suivies, dans son esprit, d'une défense opiniâ-
tre des quartiers et des maisons; en un mot, le pil-
lage, l'incendie, et la ruine de Toulouse, paraissent
à l'habitant un résultat d'une effrayante certitude :
c'est dans cette anxiété cruelle que s'écoula pour
les Toulousains la terrible nuit du 10 au 11 avril,
jugée par eux encore plus accablante que la journée même.

La troupe, campée sur les bords du canal, et

rangée autour des feux de ses bivouacs, aurait eu
besoin de repos, mais ne courait nullement après ;
la crainte et l'inquiétude n'agitaient point ses esprits : mais le soldat français naturellement enclin
à calculer, à sa manière, les chances d'une opération future ; à se livrer aussi, après une action, à
des commentaires le plus souvent vagues et inco-
hérents sur la conduite militaire de ses chefs, sans
exempter même de sa critique ceux qui ont le plus
de titres à sa confiance, le soldat, disons-nous, ne
pouvait laisser échapper une occasion si favorable
pour exercer la vivacité de son esprit, et mettre au
jour ses saillies et ses idées, quelquefois étincelan-
tes de lumière et de raison. Ici, malgré la perspective d'une deuxième bataille, où le désavantage de
la position et du nombre vont plus que jamais mi-
liter contre nous, où l'on sera forcé de défendre
une ville dont la prise doit entraîner la destruction
presque entière de notre armée, jamais la troupe
n'avait été animée d'une si vive ardeur : la force de
caractère du général en chef semblait avoir pénétré l'âme de chaque soldat dans cette circonstance
extraordinaire, et redoublé en lui l'ardeur d'essayer encore ses forces dans une deuxième bataille.

Le général en chef ne prend pendant cette nuit
que peu d'instants de repos. Il assemble à neuf
heures un conseil de guerre, qui se prolonge jusqu'à une heure du matin. Trop préoccupé aussi de

ses projets ultérieurs pour ne pas mettre tous les
moments à profit, il réitère ses instructions pour
que le canal devienne, après les travaux ordonnés,
une barrière formidable. Plusieurs maisons du faubourg Guillemery sont, en conséquence, percées
de créneaux; les ponts intérieurs, déjà couverts par
des têtes construites en barricades, reçoivent des
pièces de campagne. Le maréchal ne s'est pas, du
reste, dissimulé les maux incalculables dont Toulouse va devenir la victime, si l'ennemi s'en empare de vive force, ou si d'avance, profitant de ses
positions qui plongent sur la ville, celui-ci fait
jouer ses feux verticaux et lance les fusées à la Congrève, dont il amène un approvisionnement. Ainsi,
malgré ce qu'avait annoncé le général en chef avant
le 10 avril, que la prise de Toulouse coûterait cher
aux coalisés, et qu'ils ne l'obtiendraient pas à moins
de 25,000 hommes de perte, son intention, en for-
tifiant les dehors de la place dans la nuit du 10 au
11 avril, consiste : d'abord à se mettre en mesure
de défense contre de nouvelles attaques; d'autre
part, si la désorganisation de l'armée coalisée, et
les pertes essuyées par elle le 10 avril, la forcent
de suspendre momentanément l'activité de ses opérations, l'attitude des Français, le 11, rendue plus
imposante par les travaux exécutés sur le canal,
a le grand avantage, sans compromettre en rien
la sûreté de Toulouse, de laisser l'ennemi dans la
complète ignorance de nos projets ultérieurs. Bien

mieux encore, prenant le change sur l'objet de nos préparatifs de défense, lord Wellington peut, dans l'intérêt des Toulousains, être détourné de livrer une deuxième bataille, et de s'exposer à de nouveaux sacrifices. Rien ne nous empêchera, durant cet intervalle de vague et d'incertitude du général ennemi, de tout disposer pour la retraite. Cette opération est unanimement regardée comme de toute nécessité ; après néanmoins qu'un jour de tranquillité absolue, le 11, aura donné les moyens de préparer ce mouvement avec ordre, et d'en assurer l'exécution. Toutefois de pareils calculs, sur les projets ultérieurs des coalisés, faits sans doute par le maréchal au moment qui nous occupe, ne peuvent guère être connus de l'armée qui, le 10 au soir, s'attendait à se battre le lendemain avec un nouvel acharnement.

Le lundi 11, à quatre heures du matin, l'armée française est sous les armes, et attend en silence le signal de l'action : aucune disposition alarmante ne paraît cependant sur la ligne ennemie. Les coalisés manœuvrent peut-être sur nos flancs : redoubler de précaution est donc la consigne générale ; ces doutes vont, du reste, être levés au jour, qui ne tarde pas à paraître. L'armée coalisée est aperçue rangée en bataille, mais immobile. Les deux lignes en présence, et dans cet état de tranquillité absolue, offrent le spectacle imposant d'armées prêtes d'en venir aux mains, et retenues comme

par un magique pouvoir. Le repos de l'armée coalisée, au moment où il ne lui reste plus qu'à se
précipiter sur la tête du pont des Demoiselles, dont
la possession, acquise à un prix quelconque, le ren-
dra maître de la route du Bas-Languedoc, la seule
encore en notre pouvoir, est un aveu tacite des pertes essuyées par l'ennemi dans la journée précédente; et la crainte qu'imprime, le 11 avril, à l'armée
coalisée une poignée de Français, est le plus bel
hommage rendu à la conduite héroïque de nos
troupes sous les murs de Toulouse.

Que les âmes sensibles se rassurent toutefois sur
la suite de la journée qui vient de s'ouvrir : elle se
passera sans effusion de sang; les scènes de la veille
ne se reproduiront plus, et l'humanité n'aura pas à
déplorer de nouveaux sacrifices. Le sort de Toulouse, jusqu'alors si incertain aux yeux du plus grand
nombre, va être connu : le général en chef, ayant
presque la certitude de n'être point attaqué dans la
journée, peut donner tous ses soins à assurer la retraite de l'armée française et la conservation de la
ville; la détermination du conseil de guerre tenu
dans la nuit précédente, touchant la nécessité de
cette retraite, et les mesures relatives à son exécution, sont dès ce moment connues de toute l'armée.

Les habitants, étonnés de ne pas entendre le signal d'une action, sortent de l'état de stupeur et
d'anxiété où ils ont passé la nuit; ils prêtent, au

point du jour, une oreille attentive, et leur âme s'ouvre à une lueur d'espérance, quand le silence des deux
camps leur annonce que le combat n'est pas encore
engagé. Ils n'osent toutefois se livrer à l'idée déli-
cieuse que leur ville, objet de si violents débats, sera respectée; que les habitations, menacées par les
feux de l'ennemi, n'ont plus de dangers à courir.
Ils veulent s'assurer eux-mêmes si d'aussi douces
espérances ne sont pas illusoires : la plupart des citoyens, placés sur la vieille enceinte de la ville, observent d'un œil curieux les deux armées en présence ; d'autres, plus hardis, se montrent aux a-
vant-postes, et considèrent avec avidité les lignes
ennemies; mais le conseil de guerre a, dit-on, assuré de si chers intérêts, et comblé, par sa résolution, les espérances et les vœux des Toulousains.

La réunion du conseil avait eu pour objet autant
de discuter la nécessité d'évacuer Toulouse, que de
recevoir les ordres du maréchal sur l'exécution du
mouvement : ce conseil était composé des lieutenants-généraux Drouet-d'Erlon, Reille et Clausel,
commandants respectifs du centre et des ailes de
l'armée, et Gazan, chef d'état-major-général. On
peut presque donner comme certain que l'intention
du maréchal, au moment où il s'entoura de ses
lieutenants-généraux, le 10, à 11 heures du soir,
était d'abandonner la ville dans la nuit suivante :
vingt-quatre heures de délai, jusqu'au moment de
la retraite, étaient, certes, tout au moins nécessai-

res pour achever de vider les magasins de vivres et
de fourrages, et diriger sur le Bas-Languedoc le
plus grand nombre de blessés. L'évacuation de l'arsenal, soit pour diriger le matériel sur Carcassonne,
ou le verser dans les parcs de division; les mesures
générales d'ordre pour la retraite, la rupture des
ponts du canal qui auraient pu servir de passage
à l'ennemi, exigeaient aussi sans contredit toute la
journée du 11 avril.

C'est donc avec injustice qu'il a été fait un double crime au général en chef d'être resté le 11 dans
Toulouse, et d'y avoir pris des mesures de défense:
les raisons qui précèdent ont suffisamment prouvé
que ce délai était impérieusement commandé par
la position de l'armée française et tout ce qui se
rattachait à elle; que, du reste, s'il entraînait la
chance d'être attaqué par l'ennemi, l'honneur prescrivait au maréchal Soult ce système de conduite,
qui en tout point était dans les principes d'un général français (4).

L'avis du conseil sur la nécessité d'abandonner
Toulouse avait été unanime, et la retraite dut être
ordonnée pour le 11 à dix heures du soir. L'ordre
adressé, en conséquence, aux commandants des
divisions et des diverses armes, prescrivait de se tenir prêts à l'heure indiquée. L'administration reçut
aussi l'autorisation de vider les magasins de vivres:
la troupe profita d'une partie des approvisionnements; mais la plus grande quantité, compris ceux

de fourrages, qui par le défaut de distributions journalières se trouvaient sans utilité, assez considérables au moment de l'évacuation, furent vendus aux particuliers, à la hâte et à tout prix. L'arsenal déjà débarrassé du gros matériel, dirigé partie sur Paris, partie sur Carcassonne, versa dans les batteries des divisions les objets nécessaires pour compléter leur approvisionnement ; le peu qu'il fallait abandonner fut enfoui ou détruit. Les bateaux chargés des malades ou blessés, en remontant le canal le 10 au soir et dans la journée du 11, étaient déjà assez loin et à l'abri des poursuites de l'ennemi; aucun motif de retard ne s'opposait enfin à l'exécution du mouvement ordonné.

Telle a été la bataille de Toulouse, où 21,000 Français de toute arme, et en grande partie de la levée des 300,000 hommes, forcés d'agir sur une ligne de trois lieues d'étendue, ont tenu en échec, durant deux journées entières, 70,000 coalisés, réunissant, sur plusieurs points, l'avantage de la position à celui du nombre. Nos braves ont ainsi terminé, par la plus brillante conduite, la lutte inégale soutenue, en 1814, par l'armée française contre les armées de toutes les puissances de l'Europe. L'action mémorable du 10 avril eût présenté des résultats encore plus décisifs, et changé peutêtre en entier l'attitude du cabinet français dans le traité conclu à Paris le 30 mai suivant, si le maréchal Soult s'était trouvé dans la possibilité de se maintenir dans Toulouse; auquel cas l'armée coalisée, d'après toutes les probabilités déjà discutées, repassant la Garonne, se fût éloignée des deux rives de ce fleuve.

Ces conditions exigeaient la coopération de l'armée d'Arragon réunie, dans les premiers jours d'avril, au nombre de 13,000 baïonnettes, à Narbonne. La séduisante perspective de ce concours d'efforts avait, dès l'arrivée de l'armée à Toulouse, occupé son général en chef : entrant sur-le-champ en relation avec le maréchal qui commandait l'armée d'Arragon, il lui soumit un plan de mouvements dont les résultats paraissaient aussi infaillibles qu'avantageux. Ce plan consistait à faire déboucher par l'Arriège sur Saint-Martory et Saint-Gaudens, un corps de 10,000 hommes qui, grossi et secondé par les bataillons de gardes nationales réunies par le général Lafitte à Foix, devait assaillir les derrières de l'ennemi. Celui-ci eût pour lors été indubitablement forcé à une prompte retraite sur l'Adour, ou placé entre deux armées, et exposé à une entière destruction sous les murs de Toulouse. Le général en chef de l'armée d'Arragon ne crut pas devoir accueillir la proposition de son collègue, ni même accéder aux vœux bien prononcés de sa troupe pour marcher sur Toulouse. Il est permis de croire que l'inquiétude causée à ce maréchal par la présence d'une armée espagnole de l'autre côté des Pyrénées, était puissamment fondée ;

puisque ce général en chef refusait, dans cet instant où nos vœux et les regards d'une partie de la France étaient fixés sur lui, d'ajouter un nouveau laurier à ceux dont la victoire, constamment attachée à ses drapeaux, avait couronné sa tête.

La perte des coalisés, le 10 avril, fut considérable : elle doit être évaluée à 10,000 hommes hors de combat, et dans ce nombre plusieurs officiers de marque ; trois généraux, le major-général anglais Pac, les généraux espagnols Espelleta et Mendizabal (5). La perte de l'armée française ne dépassa pas 3,400 hommes. Parmi les morts, qui s'élevèrent à 600, fut le général Taupin, comptable (aux yeux peut-être prévenus d'un grand nombre) de la faute commise à la Sypière : atteint mortellement d'une balle à la poitrine, il ne survécut que peu d'instants à sa blessure. Le général Harispe eut le pied fracassé par un biscayen ; les généraux de brigade Gasquet, Berlier, Lamaurandière, Baurot, furent aussi plus ou moins grièvement blessés. Tous les Français, sans distinction de grade, rivalisèrent, le 10 avril, d'intrépidité et de dévouement ; soit quand il fallut, durant une grande partie de la journée, défendre pied à pied les ouvrages ; soit lorsque l'on dut sur quelques points prendre l'offensive. L'artillerie de l'armée peut réclamer une juste part des succès mémorables obtenus à l'Embouchure, aux têtes de pont des Minimes et de Matabiau, et autour des redoutes du Calvinet.

Ses effets furent surtout puissants, quand, depuis midi jusqu'à la nuit, elle arrêta les colonnes ennemies qui voulaient fondre sur Guillemery et le pont des Demoiselles. Le général de division Tirlet, et sous lui le colonel Fontenay, chef d'état-major (il fut blessé le 10), dirigeaient les opérations de cette arme; les chefs de bataillon Blanzat, Morlaincourt, Lunel, commandaient respectivement l'artillerie des deux ailes et du centre. Les troupes sous leurs ordres éprouvèrent des pertes considérables dans la journée : les trois officiers attachés à la batterie de la division Taupin furent mis hors de combat; un seul a survécu (*).

Dix mille hommes tués ou blessés, l'incendie d'un grand nombre d'habitations extérieures de Toulouse, la ruine de plusieurs fortunes, furent donc les suites d'une bataille qui n'aurait pas dû être livrée par deux chefs supposés instruits des événements qui suivirent la prise de Paris. Toutefois gardons-nous; si leur culpabilité n'est rien moins que reconnue, de porter sur leur conduite un jugement trop prompt, et de les entourer d'injustes préventions.

Il est hors de doute que le maréchal Soult ignorait, le 10 avril, la révolution du 31 mars à Paris, et les changements qui la suivirent : toutes les communications avec cette capitale, hors celles par le

(*) L'auteur du présent écrit.

Bas-Languedoc, étaient interceptées; le maréchal ne pouvait donc correspondre avec le nord de la France que par un grand détour, et un pays appartenant, quelques jours encore, au gouvernement antérieur, plus que jamais intéressé, dans ce moment, à cacher aux armées éloignées les circonstances de sa chute. Le général français fut attaqué dans Toulouse : l'honneur, le devoir, devant qui les considérations d'une nature quelconque doivent s'évanouir, lui commandaient de s'y défendre : ainsi ses mains sont nettes du sang qui a été versé dans la journée du 10 avril.

On ne peut parler avec autant d'assurance en faveur de lord Wellington : maître de la route de Bordeaux et de cette ville, peut-être avait-il reçu du cabinet de Saint-James, sur les suites de l'entrée des alliés dans Paris, des détails suffisants pour le dissuader d'attaquer devant Toulouse : l'on pourra, en effet, se convaincre, dans le courant de ce récit, que la nouvelle de la paix générale a suivi de peu d'heures l'occupation de Toulouse par l'armée coalisée. N'est-ce point d'ailleurs l'ennemi qui nous a attaqués? Ainsi, en admettant même sa complète ignorance des événements postérieurs à la prise de Paris, agresseur le 10 avril, n'est-il pas, dans la saine raison, responsable des sanglants résultats de cette journée (6)?

D'odieuses criminations ont été dirigées contre M. Bouvier-Dumolard, alors préfet de Montau-

ban : on a prétendu que ce fonctionnaire avait retenu dans sa ville le colonel Saint-Simon, chargé
par le gouvernement provisoire d'apporter la nouvelle de la paix aux chefs des armées opposées dans
le midi de la France; mais il fut établi et prouvé
que cet officier supérieur, parti le 9 seulement de
Blois, ne pouvait nullement arriver le 10, pour
remplir sa mission devant Toulouse, et prévenir la
bataille. Les tribunaux ont mis, depuis six ans, au
grand jour la fausseté de l'imputation, et fait justice de ses auteurs.

A l'entrée de la nuit, l'armée française s'ébranle
en silence : les équipages et les parcs d'artillerie,
précédés par quelques troupes, ouvrent la marche
de la retraite, et commencent à cheminer sur la
route du Bas-Languedoc; les divisions les suivent
de près; les postes avancés se replient sur les têtes
des ponts du canal, et sont remplacés par des détachements de la garde urbaine, à laquelle le général en chef, organe de l'armée, paya un juste tribut d'éloges, pour le zèle et l'activité que cette garde avait déployés au milieu de ces graves circonstances. Le calme régnait cependant dans la ville
durant l'exécution du mouvement de retraite. Le
général en chef sortit de sa demeure à dix heures,
à onze Toulouse est évacuée, et quelques instants
après l'arrière-garde elle-même s'éloignait de ses
murs.

Cependant l'ennemi voit le feu de nos bivouacs

8

s'éteindre peu à peu : il peut se douter de la retraite effectuée; mais il craint un engagement quelconque avec les Français, et se garde de mettre obstacle à leurs mouvements; il ne s'approche enfin, en reconnaissance sur les ouvrages, que le 12 au point du jour, et affecte autant de prudence et de précaution que s'il eût craint une embuscade; reconnu suivant les règles accoutumées, et reçu par la garde urbaine, il entre enfin dans la ville. Que ne peut-on arracher de notre histoire les pages qui retracent les scènes scandaleuses d'une partie des habitants de Toulouse, et les vociférations d'une populace stipendiée en faveur de l'ennemi! elle a crié : « Vivent les Anglais! » Puissent les Toulousains, souillés de cette tache, mériter, par un attachement désormais sans bornes à la France et au prince qui la régit, le pardon de cette patrie qu'ils ont si cruellement outragée!

Le grand quartier-général de l'armée alliée entra dans Toulouse, précédé par quelques troupes; il fut bientôt suivi du reste de cette armée, formant encore, malgré les pertes éprouvées dans les actions précédentes, une suite de longues et formidables colonnes. Le petit nombre de Toulousains, encore jaloux de la gloire nationale, en gémissant sur les écarts anti-français de leurs compatriotes, et les ovations dont les généraux ennemis étaient l'objet, ne voyait dans la présence des alliés, au sein de leur ville, qu'un humiliant et douloureux spectacle.

Toutefois la soudaine comparaison des nombreux bataillons ennemis, avec la poignée de Français qui la veille les tenait dans la crainte et le respect, rehaussait aux yeux de ces dignes citoyens les héroïques efforts faits, le 10 avril, par l'armée française, et imprimait à la belle défense de Toulouse un caractère de merveilleux. Les mouvements des alliés, dans l'intérieur de la ville, avaient pour objet de suivre sur-le-champ la direction prise par l'armée française dans sa retraite : le corps du lieutenant-général Hill, passé du quartier Saint-Cyprien sur la rive droite de la Garonne, traverse Toulouse dans ce dessein, et marche le premier avec la cavalerie britannique sur nos traces, par la route du Bas-Languedoc.

Cependant l'armée française battait en retraite avec ordre sur cette route : obligée toutefois de ralentir sa marche pour laisser aux parcs d'artillerie et des équipages le loisir d'avancer, elle avait fait peu de chemin au point du jour, lorsque la cavalerie anglaise, et peu après l'infanterie de sir Rowland Hill, parurent proche de notre arrière-garde, vers Castanet. Le maréchal, pour assurer son mouvement, donne l'ordre au lieutenant-général Reille de prendre position, avec ses deux divisions, sur les hauteurs adjacentes à la grande route à droite, depuis Toulouse jusqu'à Basiège; le général Soult, avec sa cavalerie légère, se maintiendra cependant sur cette même route, la gauche appuyée au canal.

qui coule presque parallèlement à ces monticules de l'autre côté du grand chemin. Ce canal (celui des Deux-Mers) ne peut d'ailleurs être franchi après la rupture des ponts; et ce contre-temps force l'avant-garde ennemie à agir dans la plaine rétrécie entre le canal et les hauteurs, sans pouvoir développer ses masses.

Le lieutenant-général Hill poursuit sa marche avec circonspection, et craint que les revers des sommets qui longent la route et les villages qui les couronnent, ne lui dérobent quelque embuscade : il arrête même brusquement sa colonne à l'instant où l'arrière-garde française prend position. L'attitude du corps du lieutenant-général Reille, qui compte à peine 7,000 hommes, c'est-à-dire deux tiers moins que l'ennemi, donne au général anglais d'assez vives inquiétudes pour demander un prompt renfort à lord Wellington; et cette circonstance devient même l'occasion d'un mouvement général de l'armée coalisée dans Toulouse, aux yeux des habitants étonnés et se perdant en conjectures sur cet incident nouveau. Toutefois le lieutenant-général Reille, dont l'objet est uniquement de gagner quelques heures, n'attend pas que l'ennemi, qui n'ose l'attaquer de front, essaye de tourner la position par la gauche : Reille remet sa colonne en route, et arrive enfin à trois lieues de Toulouse, à Basiège, après avoir tenu par de fréquentes haltes, durant une partie de la journée, les

coalisés en respect. Le corps du général Reille trou-
va en position, sur les hauteurs de Basiège, les divisions Darricau et Darmagnac, du centre, destinées à remplacer l'aile droite à l'arriere-garde. Ces
troupes poussèrent, le même soir, jusqu'à une lieue
en arrière Villefranche, à Avignonnet, où l'aile gauche et le quartier-général étaient déjà arrivés; les
parcs d'artillerie et des équipages se rendirent dans
cette même journée à Castelnaudary.

Cependant des bruits extraordinaires circulent,
le 13, aux avant-postes : ils annoncent vaguement
qu'un traité, dont la paix générale doit être le résultat, a été conclu à Paris au nom des souverains
des diverses puissances de l'Europe réunis dans ses
murs. Ces bruits, précieusement recueillis, s'accré-
ditent peu à peu; et volant bientôt de bouche en bouche, vont porter avec rapidité dans tous les rangs
les doux rayons d'une trop tardive espérance. Le colonel Gordon, premier aide-de-camp du lord Wellington, paraît, quelques instants après, en parlementaire, escortant un officier français (le colonel
Saint-Simon), expédié par le gouvernement provisoire, et porteur de pièces de la plus haute importance. Celui-ci, parti le 5 avril de Paris, mais
retenu à Blois le 9, n'avait pu arriver avec plus de
hâte. Les deux militaires traversent la ligne française : introduits devant le général en chef, alors
à Naurouse, entre Villefranche et Castelnaudary,
ils lui remettent des dépêches du nouveau ministre

de la guerre, et les Moniteurs relatifs aux événements postérieurs au 31 mars. Un conseil de guerre, auquel assistent les lieutenants-généraux et les généraux de division, est assemblé sur-le-champ; les dépêches et les diverses pièces reçues sont mises sous les yeux du conseil. Tous ses membres sont d'accord que, n'étant accompagnées d'aucun avis du prince major-général des armées, ces communications ne présentent point un caractère authentique : le général en chef a, par suite, le droit de regarder ces pièces comme l'ouvrage des alliés. Le général en chef est d'ailleurs plus que jamais comptable, dans cette circonstance extraordinaire, à la patrie, à la postérité, de ses moindres déterminations : et un simple moment de vague, de faiblesse, ou d'erreur, peut entraîner les suites les plus funestes, à l'instant où la France, envahie de tous côtés, réclame de ses armées les derniers efforts du dévouement, de l'accord et du courage. « Allez dire à lord Wellington, » répond en conséquence le général français au colonel Gordon, « que je ne » puis ajouter foi à des nouvelles de paix qui me » sont données par le chef de l'armée que je com- » bats. Ajoutez que j'ai dix batailles à lui livrer en- » core, toutes semblables à celle de Toulouse; qu'à » ce terme, si nos pertes ont suivi réciproquement » la même proportion que par le passé, lui et moi » resterons généraux sans armées. »

Cependant le maréchal fait partir sans délai pour

Paris son premier aide-de-camp (le major Tolosé), afin de puiser auprès du ministère de la guerre et du gouvernement, des instructions positives et des ordres définitifs. Un armistice pur et simple, dans l'attente de communications officielles, est en même temps offert au général en chef de l'armée alliée. Le colonel Gordon, porteur de cette proposition, traversant de nouveau la ligne française pour retourner à son armée, eut lieu de se convaincre des dispositions ou plutôt de la soif de combattre qui subjuguait les soldats dans nos rangs éclaircis. La menace, le désir d'un prompt engagement, brillaient dans les regards de cette poignée de braves; et les dernières paroles du général en chef, répétées dans les rangs, venaient frapper à chaque pas les oreilles du parlementaire consterné (7). L'armistice est refusé par lord Wellington : mais, soit que notre attitude fût profondément appréciée par lui sur le rapport de son aide-de-camp, ou que ce général voulût sincèrement jouir de suite des avantages de la paix, dont les bases venaient d'être établies à Paris, rien de sérieux n'eut lieu dans les journées des 14 et 15 : les Français restèrent en position à Avignonnet, séparés des troupes du général Hill par une petite rivière qui descend de la montagne Noire, et traverse la route en avant de ce bourg. Les derniers coups de canon avaient été, du reste, tirés, le 13, pendant la durée même de la conférence; sur des masses de cavalerie ennemie

qui, s'avançant au grand trot, montraient des intentions hostiles, par une batterie aux ordres du
chef de bataillon Lunel, placée devant le front de
la division Darricau. Toutefois cette agression de
l'ennemi n'eut point de suites; et sir Rowland Hill,
entrant en pourparler, demanda que l'on cessât le
feu de concert, ce qui fut accordé sur-le-champ.

Des détails reçus cependant de toutes parts au
quartier-général de l'armée française, et en tout
point conformes aux bulletins produits par le colonel Saint-Simon sur les événements des 30 et 31
mars dans Paris, enfin des pièces officielles et des
ordres émanés du prince de Neufchâtel, major-général des armées, et datés du 9 avril de Fontaine-
bleau, achèvent de lever tous les doutes du général français sur la situation réelle de son pays. Une
suspension d'armes, en gardant respectivement les
limites occupées par les deux armées, est immédiatement demandée par celui-ci. Toutefois, le général
anglais insistant, avant de consentir à un armistice, pour que l'armée française donnât son adhésion
aux événements de Paris, une proposition aussi
prétentieuse est rejetée par le maréchal Soult, qui
déclare qu'il entend que l'armistice soit signé de
suite, et prévient même qu'il se défendra jusqu'à la
dernière extrémité si on vient l'attaquer. Vaincu
par cette noble fermeté, le général anglais cède, et
l'armistice est établi sur des bases définitives, par le
lieutenant-général Gazan, notre chef d'état-major,

qui se rend, dans ce but, au grand quartier-général de l'armée alliée dans Toulouse. Le lendemain
du jour où l'armistice a été signé, le 19 avril, est
témoin de l'adhésion du général en chef et de l'armée d'Espagne et des Pyrénées aux actes du gouvernement provisoire, et au rappel de l'ancienne
dynastie de nos rois; et le maréchal Soult en son
nom, et au nom de sa valeureuse troupe, jure, dans
une proclamation qui respire les sentiments d'un
guerrier citoyen, fidélité au gouvernement répa-
rateur des Bourbons (8).

Voici le terme de notre carrière : en rendant
compte des opérations militaires de l'armée d'Espagne et des Pyrénées, telles qu'il les a observées,
l'auteur s'estimera heureux si son but a été rempli :
c'est-à-dire, s'il a donné à connaître, sous son vrai
jour, la conduite des chefs de l'armée française,
des généraux et des troupes anglo-espagnoles-por-
tugaises dans l'intervalle du 24 mars au 12 avril
1814, durant lequel Toulouse et ses environs ont
été le théâtre de la guerre; et s'il est parvenu à
détruire les préventions injustes et les erreurs qu'a-
vaient laissées dans l'esprit de plusieurs de ses concitoyens, des relations où la justice et la vérité é-
taient également blessées (9).

NOTES.

(1) La réponse faite au général Hill par le maire d'une petite ville au pied des Pyrénées, mérite, entre autres, d'être citée. « Quelle est la force de l'armée française passée hier par votre commune ? demande ce général. » De 40,000 hommes, répond le maire. — C'est impossible, les Français n'étaient que 30,000 à Orthez : sur quoi avez-vous fondé votre jugement ? — Sur la bonne contenance de la troupe et son air de confiance, répond l'intrépide magistrat.

(2) Le maréchal-des-logis Vincent, du 22e de chasseurs à cheval, se signala dans cette occasion par un trait d'une haute intrépidité, et déjà cité dans plusieurs écrits relatifs aux événements de cette époque. (Voyez le *Mercure de France* du samedi 17 janvier 1818.) Je transcris ici l'extrait qui concerne cet acte de bravoure, dans la *Relation succincte de la campagne des Pyrénées*, par Alexandre Goujon, ancien officier d'artillerie à cheval, qui lui-même l'a puisé dans le Mercure. « Le général Berton devait » faire sauter le pont (de Lasbordes) déjà miné sur cette » rivière (le Lhers). Il fait mettre le feu à la mèche, et se » porte rapidement hors d'atteinte de l'explosion. Quel- » ques minutes se passent, et le pont est encore intact. Ce » retard, qui pouvait être funeste à l'armée, excitait la » plus grande inquiétude. Le nommé Vincent, maréchal- » des-logis au 22e régiment de chasseurs, témoin de l'anxié- » té de son général, de son propre mouvement se précipite » vers le pont, suivi d'un seul chasseur qu'il appelle pour » tenir son cheval, met pied à terre près de la foudre qui » pouvait éclater, examine la mèche de la fougasse, qu'il » trouve éteinte, bat le briquet, la rallume avec de l'ama-

»dou, saute à cheval, et s'éloigne. Il n'était pas à dix pas,
» que l'explosion eut lieu. »

(3) Les chefs d'administration anglais avaient, m'a-t-on
assuré, remis à divers habitants des campagnes, pour valeur de plusieurs fournitures, des bons payables à la caisse
de l'armée coalisée, le 10, dans Toulouse. Cette prétention
n'aurait peut-être pas même été justifiée le 12, si le général français n'eût renoncé à son projet de défendre la ville
à outrance, au risque de la sacrifier.

(4) Le général Darmagnac, qui commandait la deuxième division d'infanterie de l'armée, sous les ordres du
lieutenant-général Drouet-d'Erlon, n'était point appelé
par son rang à prendre place au conseil réuni chez le maréchal, le 10 dans la nuit; il ignorait par suite, avec toute
l'armée, les intentions du général en chef. Toutefois, natif
de Toulouse, et alarmé pour sa ville des conséquences déplorables d'une deuxième bataille, le général Darmagnac
s'était ouvert à quelques individus sur la nécessité d'évacuer Toulouse, et avait paru pencher fortement lui-même pour cette mesure préservatrice. Ces simples communications firent généralement croire aux Toulousains que
leur compatriote avait eu la plus grande part à la détermination prise par les membres du conseil, touchant l'évacuation de la ville; mais le général Darmagnac a démenti
lui-même, par la voie des papiers publics, des bruits que
la vérité ne pouvait admettre.

(5) Une relation imprimée sous les yeux même des Toulousains, et qui n'a pas été contredite par eux, porte à
15,000 hommes la perte des coalisés dans la journée du 10
avril. Acteur nous-même dans cette bataille, et en ayant

observé de près toutes les circonstances, nous croyons ce
nombre exagéré. Nous n'avons garde cependant de l'évaluer, avec M. le chef de bataillon Koch (*Mémoire pour
servir à l'Histoire de la campagne de* 1814), seulement
à 4,458 hommes hors de combat. Cette perte ne motive-
rait pas suffisamment les preuves de mécontentement
données par l'armée coalisée à son entrée dans Toulouse
le 12 au matin, et le sombre langage de ses chefs sur les
résultats de la bataille. En portant ici cette perte à 10,000
hommes, nous ne craignons pas d'être au-dessus de la vérité.

(6) Le langage remarquable tenu par lord Wellington,
immédiatement après son entrée dans Toulouse, pourrait
toutefois faire supposer que les importants changements
amenés par la prise de Paris lui étaient inconnus : ce général en chef donna, dans les termes les plus positifs, aux
principales autorités de Toulouse qui avaient pensé entrer
dans ses vues en se montrant à lui parées des couleurs de
la restauration, l'assurance de la réunion d'un congrès à
Châtillon pour traiter de la paix avec le gouvernement
impérial.

La surprise du général anglais à la vue de ces couleurs,
et son langage, qui pouvaient laisser entrevoir les repré-
sailles que Napoléon, supposé maintenu sur son trône,
serait à même d'exercer à l'égard d'une ville si ouverte-
ment prononcée pour l'ancienne dynastie de nos rois,
n'étaient nullement rassurants pour les assistants : et plusieurs, déposant même sur-le-champ les couleurs de la
restauration, reprirent les couleurs abandonnées, qu'ils
ne quittèrent que deux jours après, quand la nouvelle
du renversement du régime impérial fut publique et offi-
cielle.

(7) Le colonel Gordon eut aux avant-postes quelques minutes d'entretien avec des officiers français : il répondit, en termes exprès, au major Salaignac, premier aide-de-camp du lieutenant-général Drouet-d'Erlon, impatient de savoir si lord Wellington n'était pas informé, avant la journée du 10, des événements de Paris, « que ce général *en était instruit;* mais qu'il avait ordre d'attaquer et de prendre Toulouse. »

Que le lecteur relise le premier paragraphe de la note précédente, et qu'il décide si les intentions du général anglais devant Toulouse, et son langage, une fois maître de de la ville, s'accordent ensemble, et peuvent être expliqués.

(8)   ORDRE DU JOUR.

La nation ayant manifesté son vœu sur la déchéance de l'empereur Napoléon, et le rétablissement de Louis XVIII au trône de nos anciens rois, l'armée, essentiellement obéissante et nationale, doit se conformer au vœu de la nation.

Ainsi, au nom de l'armée, je déclare que j'adhère aux actes du sénat conservateur et du gouvernement provisoire, relatifs au rétablissement de Louis XVIII au trône de Saint-Louis et d'Henri IV, et que nous jurons fidélité à Sa Majesté.

Au quartier-général, à Castelnaudary, le 19 avril 1814,

Signé LE MARÉCHAL, DUC DE DALMATIE.

Pour copie conforme :
Le lieutenant-général chef d'état-major-général de l'armée,

Signé COMTE GAZAN.

(9) Cette relation des événements militaires devant

Toulouse (fragment d'un travail plus considérable, qui sera incessamment publié sous le nom d'*Opérations militaires de l'armée d'Espagne et des Pyrénées*, en 1813 et 1814), date de l'année même de la première restauration, et n'était d'abord que le texte de notes prises sur place par l'auteur lui-même. Jaloux toutefois de donner, plus tard, une certaine extension à son travail, celui-ci a recueilli de nouveaux documents auprès d'un grand nombre d'officiers de divers grades, présents, ainsi que lui, à la bataille du 10 avril : il a pu, avec ce secours, terminer, à la fin de 1815, le mémoire qu'il soumet aujourd'hui au public.

Depuis cette époque, les principaux chefs de l'armée devant Toulouse, entourés d'abord de la faveur légitimement due à leurs éminents services, disgraciés plus tard et bannis, quelques-uns admis ensuite à reprendre l'exercice de leurs fonctions, pour en être encore dépouillés, ont enfin été appelés à les reprendre de nouveau. Bien décidé, au début de son travail, de ne point s'écarter du langage, suivant lui, le plus conforme à la vérité, l'auteur s'est entièrement abstenu d'assujettir la marche et le ton de son récit aux diverses phases de la fortune politique de ses anciens chefs, et de régler des faits censés écrits sur le théâtre de la guerre, et au moment même de l'action retracée, sur des résultats et des changements que la France et l'armée étaient loin de prévoir lors des opérations militaires de 1814. L'auteur peut en conséquence affirmer, sans crainte d'être démenti, que la relation qu'il publie aujourd'hui est, à quelques mots près, telle qu'il en a fait lecture à ses amis, dans les derniers jours de juin 1815, à Narbonne, où il était alors en résidence; telle que, manuscrite, il l'a adressée le 23 décembre 1817, à M. le lieutenant-général, président le comité central d'artillerie, et qu'elle existe encore, en ce moment, dans les bureaux du comité.

Les motifs qui portent l'auteur à se hasarder de publier son travail, malgré les nombreuses imperfections qui peuvent s'y rencontrer, sont le peu d'exactitude ou d'intérêt présenté en général par les relations et les histoires, ou prétendues telles, des événements militaires du midi de la France en 1814. Ce même M. de Beauchamp, dont les erreurs ont déjà été signalées (*Voyez* la note première), consacre seulement quelques pages à la bataille de Toulouse; et ce qu'il dit n'est que la transcription des bulletins ennemis, et le texte propre des journaux anglais. *Le Précis historique de la bataille livrée le* 10 *avril sous les murs de Toulouse,* imprimé en 1816 dans cette dernière ville, est tellement surchargé de détails sur les travaux de fortifications, d'épisodes étrangers à l'action principale, et d'écarts de style, que, malgré la bienveillance acquise à un auteur qui se montre partout bon Français, la lecture de ce précis ne peut être supportée.

La double campagne de 1813 et 1814 dans le Midi, a exercé aussi la plume de M. P******, commissaire des guerres, alors attaché au quartier-général de l'armée d'Espagne et des Pyrénées. Toutefois des réflexions judicieuses, et des détails instructifs sur l'administration de cette armée, ne peuvent déguiser le vide d'intérêt que l'exposition vraie, mais sèche, et presque jour par jour, des marches et des opérations du maréchal Soult, jette dans ce mémoire, qui, du reste, nous paraît avoir été traité avec beaucoup trop de rigueur, quelques mois après sa publication, en 1818, dans les numéros du Journal Militaire. Je m'abstiendrai enfin de parler de la Campagne de 1814, par le colonel anglais sir John-Jones, enrichie de notes et de commentaires de la façon de M. Alphonse de Beauchamp. Le lecteur aura pu s'assurer que la relation qui précède réfute suffisamment des assertions telles que celle-ci : « *Le vainqueur* (lord Wellington) désirant éviter une effusion de sang inutile, *permit* à l'armée française, sans qu'elle fût inquiétée, de se retirer de la ville, la nuit du 12, par la route *de Carcassonne, passant à portée de canon* sous les hauteurs de Pujada (la Pujade, sans doute), couronnées de ses troupes, et hérissées de son artillerie. »

Puisse le lecteur nous accorder la flatteuse assurance que notre relation est exempte des défauts qui viennent d'être signalés, et que notre langage a été trouvé digne de la mémorable journée que nous avions à retracer.

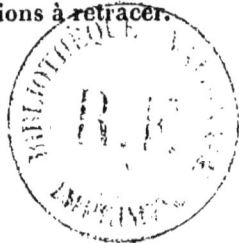

FIN.

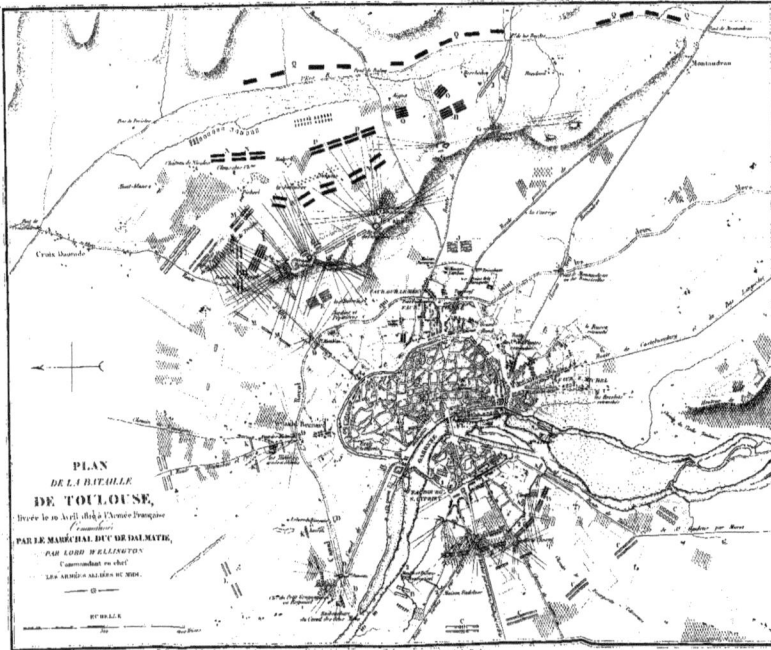

PLAN
DE LA BATAILLE
DE TOULOUSE,
livrée le 10 Avril 1814 à l'Armée Française
Commandée
PAR LE MARÉCHAL DUC DE DALMATIE,
par LORD WELLINGTON
Commandant en chef
LES ARMÉES ALLIÉES DU MIDI.

LÉGENDE
pour l'intelligence des dispositions défensives prises avant le 10.

SUR LA RIVE GAUCHE DE LA GARONNE.

a. Enceinte de Bourbize et Cyprien fortifiée.
b. Bassins Maret.
c. tête du quartier couverte par des ouvrages Polangois.
d. Barrière de l'Hôpital.
e. Première ligne d'ouvrages établis en avant, du Fauk[...] et Cyprien prolongée et couvrant les 3me lieutenant Redoutes Auréle et l'ouvrage du Pré-Vit et les Chau[...]

SUR LA RIVE DROITE.

3. Poutre de l'Eau couverte par les républicains.
4. Ligne fortifiée des ci-devant Redoute Salmont, au front avec le Pont des Demoiselles et la Patte du Jardin des Plantes.
5. Tête jetée sur les ponts du Canal.
6. Redoutes et Retranchements du Calvinet.

LÉGENDE
pour l'intelligence de la Bataille.

RIVE GAUCHE DE LA GARONNE.
Armée Française.
A. Division Maransin établie dans les ouvrages de St Cyprien.

Armée coalisée.
B. Troupes Anglo-Portugaises du Lieutenant général Hill marchant sur l'attaque.
C. Réserve d'Infanterie et de Cavalerie destinée à appuyer les troupes engagées.

RIVE DROITE DE LA GARONNE.
Armée Française.
D. Division Darricau développée sur la rive gauche du Canal.
E. Division Darmagnac embarquée dans les Aubus et les réparations contre la redoute et le Canal.
F. Division Villatte gardant les ouvrages du Nord.
G. Division Harispe resserrée dans les redoutes du centre et de la droite.
H. Division Taupin à l'instant où à notre droite elle exécute un faux mouvement qui compromet le sort de la Bataille.
I. Cavalerie légère du Général Soult protégeant le flanc droit de l'[...] Française.
J. Brigade Berget arrivée à midi de St Cyprien pour couvrir la faubll Guillaumery.

Armée coalisée.
K. Attaque du Général Picton à l'embouchure du Canal et aux Minimes.
L. Division légère du Général Alten détachée de la droite pour porter comme aux Espagnols séparément au centre.
M. Quatrième Armée Espagnole sous ordres du Lieutenant Général Don Manuel Freyre battue par les différentes de Matabiau et la Dam Darmagnac.
N. Corps d'Armée de Beresford se dirigeant sur la droite des Pl[...] et destiné aussi à attaquer les positions de Mond.
O. Partie du même Corps d'Armée engagée avec la 8me Taupin.
P. Cavalerie Britannique destinée à contenir l'attaque à la gauche d[...] Légion coalisée.
Q. Autre partie de Cavalerie en marche sur Montaudran pour perc[...] les hauteurs de renvers.

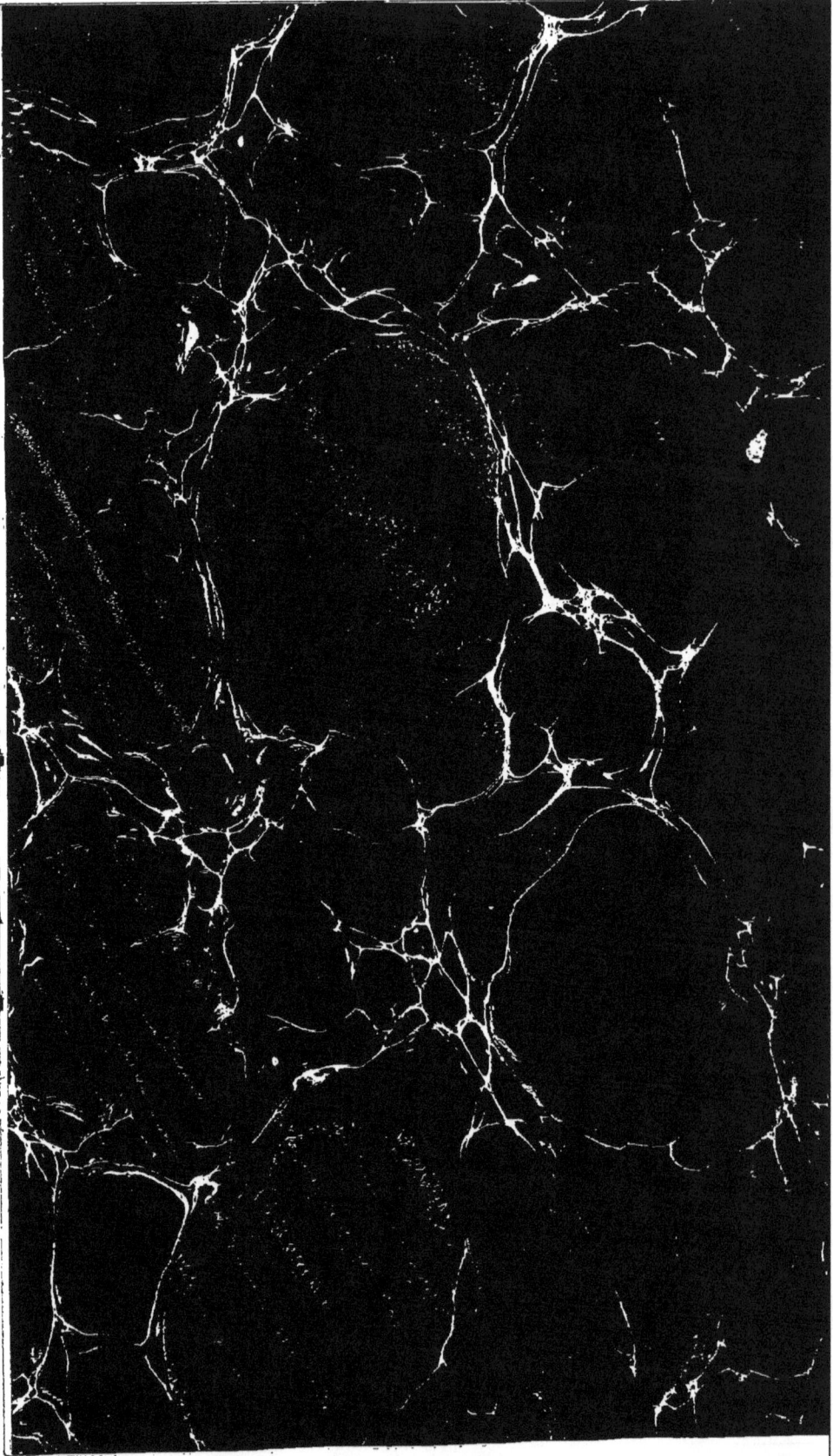

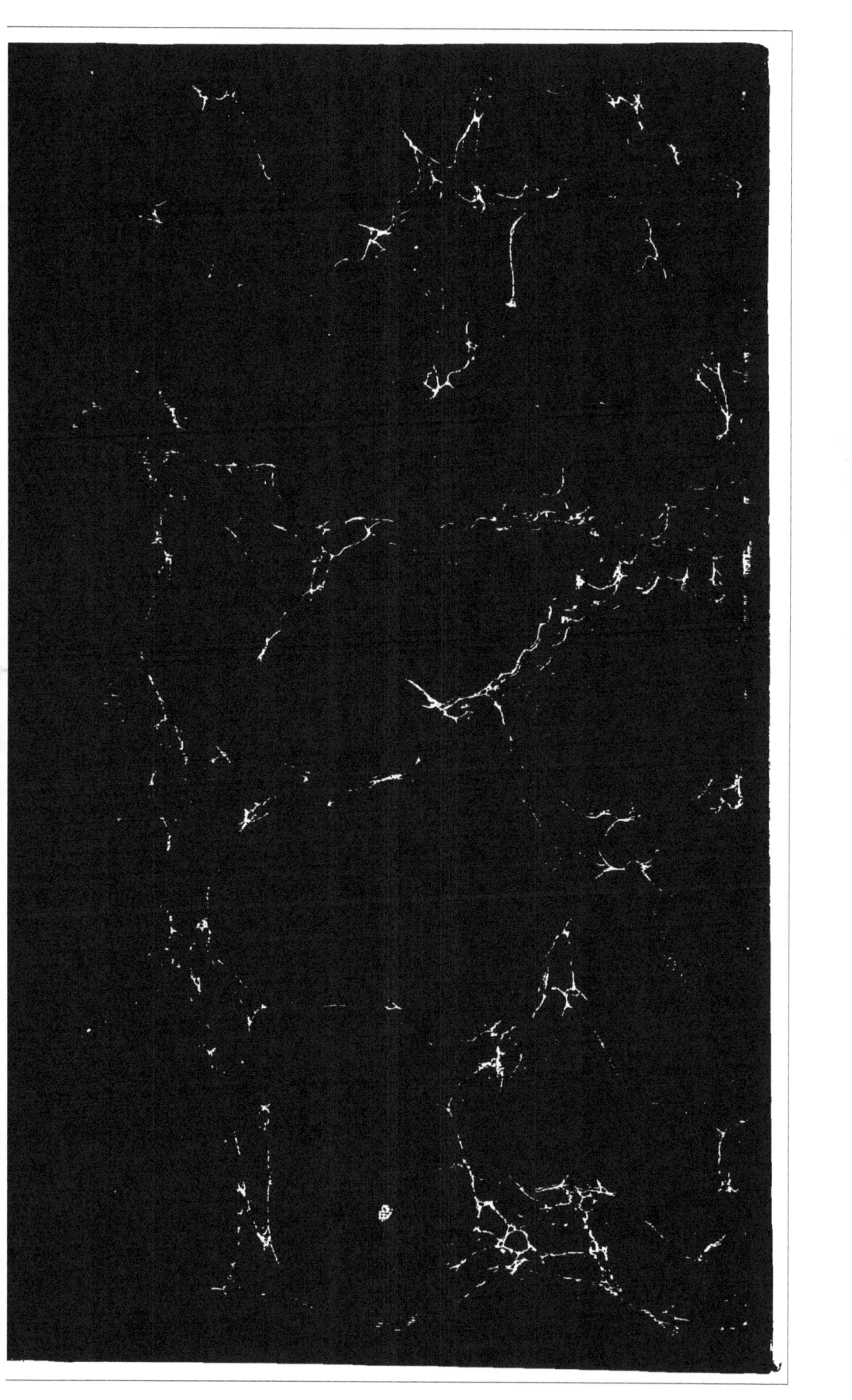

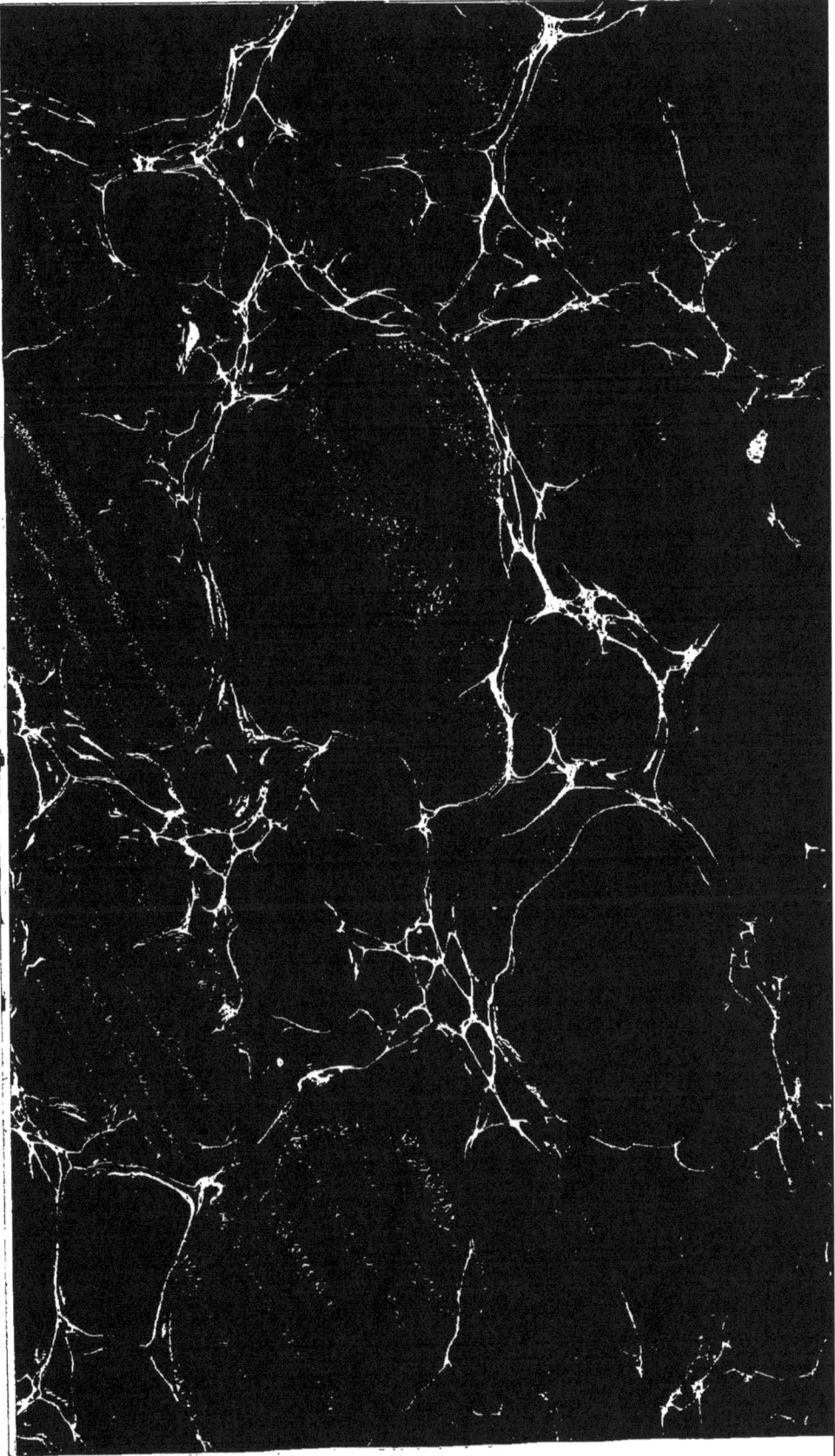